Zu diesem Buch

Yin Yang und Jade, fernöstliche Weisheit und große Schönheit, vereinigen sich in der erst neunzehnjährigen Nachtclubtänzerin, die, von einem Pariser Kunstsammler und Libertin als besonderes Schmuckstück seiner Frauensammlung auserwählt, in einer herrschaftlichen Villa in Costa Rica ihre erotische Erziehung genießt.

Hinter dem Pseudonym Emmanuelle Arsan verbirgt sich die thailändische Ehefrau des französischen Botschafters Louis-Jacques Rollet, der nach der Veröffentlichung des ersten «Emmanuelle»-Romans und der Lüftung des Pseudonyms aus Thailand abberufen wurde und den diplomatischen Dienst quittierte.

Von Emmanuelle Arsan liegen als rororo-Taschenbücher außerdem vor: «Emmanuelle oder Die Schule der Lust» (Nr. 1825), «Emmanuelle oder Der Garten der Liebe» (Nr. 1951), «Emmanuelle oder Die Kinder der Lust» (Nr. 4014), «Laura» (Nr. 4418), «Von Kopf bis Fuß Emmanuelle» (Nr. 5094), «Vanna» (Nr. 5145), «Auf den Gipfeln der Nacht» (Nr. 5714) und «Emmanuelle oder Die Liebe zur Kunst» (Nr. 12608).

Emmanuelle Arsan

YIN YANG UND JADE

Roman

Aus dem Französischen
von Elaine Bacher

rororo
Rowohlt

Die Originalausgabe erschien 1989 unter dem Titel
«Les Débuts dans la vie» bei Pierre Belfond, Paris
Umschlaggestaltung Barbara Hanke
(Foto: Bildagentur Schuster/Explorer)

Deutsche Erstausgabe
Veröffentlicht im Rowohlt Taschenbuch Verlag GmbH,
Reinbek bei Hamburg, Februar 1991

Gesetzt aus der Garamond (Linotronic 500)
Gesamtherstellung Clausen & Bosse, Leck
Printed in Germany
880-ISBN 3 499 12822 5

1. Kapitel

Die Tänzerin vollführte ein paar wiegende Schritte nach vorn an den Bühnenrand und schaute Roland direkt ins Gesicht. Sie war nur wenige Zentimeter von ihm entfernt und lächelte ihn an. Mit ihren hohen Wangenknochen, ihren winzigen Zähnen und den schimmernden, mandelförmig geschminkten Augen sah sie aus wie eine Katze, die sich an einem schönen Sommertag wohlig in der Sonne rekelt.

«Ich muß sie haben...» dachte er und beglückwünschte sich zu der unbestimmten Ahnung, die ihn auf das linke Seineufer und in dieses Lokal geführt hatte, in dem er noch nie zuvor gewesen war. Auf der Suche nach einem Abenteuer hatte er ziellos St. Germain durchstreift, bis dieses Plakat plötzlich seine Aufmerksamkeit erregt hatte. Eine beinahe nackte Frau war darauf abgebildet, mit schön geschwungenem Rücken, mit Brüsten, die sich in den Himmel reckten, einem winzigen, von Straß und Pailletten funkelnden Tanga-Slip und einem hochragenden Kopfputz aus grünen Federn und Bändern aus Flittergold. Die langen, schlanken Glieder wirkten elegant und gelöst, und die Taille war so schmal, daß es aussah, als wären die grazilen Hüften rundlich gewölbt.

«Wie eine Tanagra-Figur», hatte er gedacht und war dichter an das Plakat getreten, um den Namen der Tänzerin lesen zu können. Sie hieß «Jade», wie sein Lieblingsstein...

Wenige Minuten später saß er schon in der ersten Zuschauerreihe und kostete einen 79er Dom Pérignon. Er hatte sich so dicht wie möglich an die Bühne gesetzt, damit ihm ja nichts von Jade entging: von ihren Nasenflügeln, die unter der Anstrengung des Tanzes bebten, von ihren runden und festen Brüsten, von dem Spiel eines jeden Muskels unter ihrer bernsteinfarbenen Haut.

«Ein Degas in Bronze, ein Sammelstück...» sprach er vor

sich hin und war so versunken in die Betrachtung dieses Frauenkörpers, daß er den Rest der Vorstellung gar nicht wahrnahm.

Als die Musik verstummte und Jade in den Kulissen verschwand, mußte er sich schütteln, als sei er soeben aus einem Traum erwacht. Dann nahm er seinen Füllfederhalter zur Hand und warf in seiner feinen, zügigen Schrift ein paar Worte auf eine seiner Visitenkarten. Schließlich zog er einen kleinen präkolumbianischen Jade-Anhänger aus seiner Tasche. Noch heute morgen hatte er dieses Schmuckstück einem interessierten Antiquitätenhändler verweigert. Jetzt nahm er ohne Bedauern davon Abschied. Schönes gehörte zu Schönem... Er verstaute den Anhänger und die Visitenkarte in einem kleinen Wildlederbeutel und rief einen Kellner herbei.

«Würden Sie dies bitte in Jades Garderobe abgeben?» fragte er im selbstsicheren Ton eines Mannes, der daran gewöhnt ist, daß man seinen Weisungen gehorcht.

Jade hatte sich ihr Haar mit einem roten Turban zurückgebunden und ihren Körper soeben von der dicken Schminkschicht befreit. Danach reinigte sie ihn gründlich und rieb ihn mit Öl ein. Ihre zarte goldbraune Haut glänzte im grellen Licht der Garderobe.

«Hier, das ist für Sie!» rief ihr die Garderobiere von der Tür aus zu und warf ein kleines Päckchen auf den Schminktisch.

«Warum bekomm ich bloß nie irgendwas geschickt?» kam es klagend aus der angrenzenden Garderobe. Es war Christian, der Star-Tänzer des Lokals.

Jade mußte lächeln, während sie ihre Körpermassage beendete und ihren straffen, flachen Bauch einrieb. Dann griff sie nach dem kleinen Lederbeutel, der zwischen ihre Schminktöpfe gefallen war, zog die Kordel auf und förderte den Inhalt zutage. Eine kleine Katze aus grünem Edelstein, in deren polierte Oberfläche mit wenigen groben Strichen lange, mandelförmige Augen eingeschnitzt waren und eine spitze, rassige Schnauze.

Jade nahm die beigefügte Visitenkarte, die auf ROLAND PERRIER, AN- UND VERKAUF VON KUNSTGEGENSTÄNDEN lautete, und drehte sie um. Auf der Rückseite fand sie nur die Worte «Ich erwarte Sie an der Bar». Obwohl sie diese Art der Einladung etwas anmaßend fand, fühlte sie sich trotzdem merkwürdig angezogen von dem direkten und autoritären Ton dieser Botschaft, plötzlich mußte sie an ihren Vater denken, den sie nie gekannt hatte und der deshalb auch nie etwas von ihr hatte fordern können.

Sie betrachtete die gerade und klare Handschrift des Mannes, der offensichtlich, genau wie sie, noch einen richtigen Füllfederhalter benutzte. «Jemand, dem Schönheit vor Zweckmäßigkeit zu gehen scheint...» dachte sie. Das gefiel ihr, und sie beschloß, seiner Aufforderung zu folgen. Was riskierte sie schon damit? Außerdem mußte sie schon deshalb an die Bar, um diese kleine Katze zurückzugeben. Zum erstenmal hatte ihr ein Zuschauer etwas anderes geschickt als die üblichen Blumen oder Bonbonnieren, und sie konnte sich nicht entschließen, das Geschenk anzunehmen. Jede Gabe erforderte eine Gegengabe – und Jade war nicht bereit, etwas zu geben.

Sie sah in den Spiegel und betrachtete ihren nackten Körper. Ihre Brüste waren fest und rund, ihre Taille und ihre Hüften schmal, ihre Beine lang und schlank, und nur wenige Männer hatten bisher diese Linien berühren dürfen. Da war vor kurzem dieser Choreograph gewesen, der sie im Umkleideraum des Tanzsaals einfach genommen hatte, eilig und ungeschickt, während sie sich überhaupt nicht gerührt hatte, um auch nicht die geringste Erregung zu zeigen. Und dann Christian, der mehrmals zu ihr unter die Dusche gekommen war und dem sie sich aus reiner Berechnung überlassen hatte. Sie liebte seinen Körper und kannte dessen Fähigkeiten. Außerdem besorgte ihr Christian kleine Rollen, räumte ihr gewisse Sonderrechte ein und verschaffte ihr in diesem unsicheren Geschäft als Tänzerin Verträge. Aber die wirkliche Lust, die Wonne, sich ganz zu öffnen wie eine Blume – dieses Verlangen ließ sich nur von ihren eigenen Händen stillen...

Ihr Zeigefinger streifte leicht über die rasierte Scham und legte sich auf den kleinen, erektilen Punkt, der so gut versteckt war in der Vulva, die sich bereits beim bloßen Gedanken an die Berührung der Hand erhitzte, deren Finger sich jetzt in die nasse Höhle gewühlt hat und wieder hinaufwandert zur Klitoris, um sie zu befeuchten...

Jade zitterte am ganzen Körper und mußte sich an die Wand lehnen, völlig außer sich bei der Vorstellung, daß jemand die angelehnte Tür aufmachen und sie dabei überraschen könnte, wie sie sich selbst befriedigte. Vielleicht enthüllte dieser Spiegel da vor ihr einem heimlichen Beobachter draußen im Flur die verräterische Bewegung ihres Arms und das Beben ihrer Hüften... Dieser Gedanke war so erregend, daß sie kam, zusammengekrümmt und die Hand zwischen die Schenkel gepreßt.

Ihr Verlangen war noch immer nicht gestillt, aber sie beschoß, sich diesen Zustand nur partieller Befriedigung zu erhalten und streifte ihre Jeans über, um den rauhen Stoff an ihrer steifen Klitoris zu spüren. Sie liebte es, durch die Straßen von Paris zu spazieren und sich an ihrer Hose zu reiben, wenn sie gerade masturbiert hatte und ihre nackte Scham noch ganz geschwollen war.

Sie zog den Reißverschluß hoch und schaute erneut in den Spiegel. Ihre steifen Brustwarzen verrieten alles. Sie rieb sie ganz sachte mit den Fingerspitzen und streifte dann einen langen, unförmigen Pullover über. Schließlich wickelte sie den Turban, unter dem sich ihre Haare verbargen, noch ein wenig fester und begab sich zur Bar, um zu sehen, ob der Mann noch auf sie wartete.

Christian stand am Tresen und unterhielt sich angeregt mit Sophie, einer kleinen Blonden, die neu engagiert worden war. «Er will mich eifersüchtig machen, aber die Mühe kann er sich sparen», dachte Jade und nahm weiter entfernt in einem nur spärlich erleuchteten Winkel Platz. Plötzlich schob sich eine hochgewachsene Gestalt vor die Lampe und tauchte Jade in Dunkelheit.

«Sie sind gekommen», sprach eine tiefe und selbstsichere männliche Stimme.

Die Gestalt bückte sich, um einen Sessel heranzuziehen. Das Licht der Lampe fiel auf Jades Stirn und ließ ihre grünen Augen leuchten.

«Ich kann nicht lange bleiben. Ich bin nur gekommen, um Ihnen zurückzugeben...»

«Ich heiße Roland», unterbrach sie der Mann, der in diesem Gegenlicht etwas Geheimnisvolles hatte. «Sie sind Asiatin, nicht wahr? Obwohl, Ihre Augen...»

«Mein Vater war Vietnamese, meine Mutter ist Französin. Da, nehmen Sie, ich kann das nicht behalten.»

Sie reichte Roland den Wildlederbeutel, während ihr Blick versuchte, das Dunkel zu durchdringen und die Gesichtszüge des Mannes zu erraten. Aber nur seine dichten, dunklen, vom Licht der Lampe umflossenen Haare und seine breiten Schultern waren zu erkennen.

«Diese Katze hat die Farbe Ihrer Augen und die gleiche Augenform wie Sie. Deshalb gehört der Anhänger Ihnen.»

«Ich nehme keine Geschenke an», beharrte Jade und hielt die Hand weiterhin ausgestreckt.

«Wenn Sie ihn nicht nehmen, schenke ich ihn dem erstbesten Mädchen, das daherkommt. Beispielsweise dieser Blonden da an der Bar.»

Jade ließ den Arm sinken. Das kam einfach nicht in Frage, Sophie dieses Zeichen der Verehrung zu überlassen, das eigentlich ihr gebührte. Man konnte sie noch nicht einmal als Tänzerin bezeichnen, sie hatte allenfalls ein paar Stunden Jazz-Tanz genommen in den letzten Jahren: kein Vergleich zu der langen Zeit, die Jade seit ihrer Kindheit mit Ballett-Training verbracht hatte. All die Sprünge und Pirouetten, mit blutenden Füßen in den rosa Spitzenschuhen, die harte Zucht des klassischen Balletts, dem sie eine so ausgeprägte Körperbeherrschung verdankte, daß man ihr heute die Anstrengung nicht mehr anmerkte… Sie verstaute den Anhänger in ihrer Tasche.

«Gut so», meinte Roland in munterem Ton. «Und jetzt lade ich Sie zum Essen ein.»

«Es ist zwei Uhr früh! Und morgen um neun hab ich wieder Probe.»

«Nun, dann werde ich Sie nach Hause bringen.»

Jade stimmte zu. Sie fühlte sich plötzlich sehr müde und hatte nicht mehr die Kraft, sich zu widersetzen.

Die frische Luft draußen munterte sie wieder ein wenig auf. Im gelben Schein der Neonbeleuchtung des Lokals konnte sie Roland zum erstenmal wirklich betrachten. Zwischen den dichten Brauen standen drei senkrechte Falten auf seiner Stirn. Seine dunklen Augen blickten fest und durchdringend, er hatte hohle Wangen und einen vollen Mund.

Jade war seltsam verwirrt. Sie hatte das Gefühl, ein Gesicht vor sich zu sehen, das ihr schon in ihren Träumen begegnet war, ein Gesicht, dessen Reiz in der Kraft des Blickes bestand, in der sanften Sinnlichkeit des Lächelns und in der Festigkeit des Kinns, ein Gesicht, das man nicht vergaß.

«Ich wohne ganz in der Nähe, im VII. Arrondissement», sagte Jade. «Gewöhnlich gehe ich zu Fuß nach Hause.»

«Nehmen wir ausnahmsweise ein Taxi.»

Die weichen Wagenpolster und die warme Luft im Innern des Taxis brachten die Müdigkeit zurück. Fast schon im Halbschlaf hörte Jade, wie Roland den Fahrer aufforderte, über das linke Seineufer bis zum Pont de Grenelle zu fahren. Sie protestierte nur schwach und betonte noch einmal, sie wohne ganz in der Nähe, in der Rue de Bourgogne.

«Ich verspreche Ihnen, daß die Taxifahrt nicht länger dauern wird als Ihr üblicher Fußmarsch nach Hause», erwiderte Roland mit einem Lachen.

Er wandte sich zu ihr und wickelte ihr vorsichtig den roten Turban vom Kopf. Wie eine Flut ergossen sich Jades Haare in dichten dunklen Wellen über ihre Schultern bis hinunter auf die Taille. Zärtlich streichelte Roland über ihre Locken und fühlte durch das Haar und die dichte Wolle des Pullovers hindurch, wie sich Jades Brustspitzen verhärteten. Eine kalte Hand schob sich unter ihr Trikot und tastete nach einer der Spitzen, die sich steil aufrichtete. Mit halbgeschlossenen Augen gab sich Jade der Berührung hin, wölbte sogar ein wenig den Rücken vor, um Roland ihren Busen entgegenzustrecken. Währenddessen massierte die andere Hand ihren Bauch, der Ballen preßte sich zwischen ihre Beine. Jades Klitoris begann sich zu regen und ihr Unterleib zuckte.

«Mach deine Hose auf», flüsterte ihr Roland ins Ohr.

«Nein, lassen Sie mich los!» protestierte Jade, die befürchtete, der Fahrer könnte alles gesehen und gehört haben. Ein Gedanke, der ihr Angst und Lust zugleich machte.

«Dann faß du mich an», verlangte Roland und öffnete bereits seinen Gürtel.

«Nein, ich möchte sofort nach Hause», wehrte sich Jade und hoffte gleichzeitig, daß Roland nicht aufgeben würde. Sie war zwar entschlossen, nichts von sich selbst herzugeben, doch hatte sie das unwiderstehliche Verlangen, Rolands Geschlecht zu sehen und zu berühren.

«Nun gut», sprach Roland und zog den Gürtel wieder zu.

Dann beugte er sich zu dem Fahrer vor und sagte: «In die Rue de Bourgogne, bitte!»

Er zog sich ans andere Ende der Sitzbank zurück und blieb dort steif und eisig sitzen, bis der Wagen vor dem Eingang des Gebäudes, in dem Jade wohnte, haltmachte. Sie wünschte sich sehr, daß er sie küßte oder um ein Wiedersehen bat, aber er begnügte sich mit einem einfachen gute Nacht.

Schon im Aufzug machte sie sich Vorwürfe, so unnahbar gewesen zu sein. Ihre Brüste, ihr Geschlecht, ihr Rücken, ihr ganzer Körper verlangte danach, Rolands Haut zu spüren, und sie sehnte sich bereits nach ihrem Bett, um sich endlich anfassen und sich dabei vorstellen zu können, daß es Männerhände wären, die ihren Körper berührten.

In der Diele fiel ihr Blick sofort auf einen hellen Fleck an der im Laufe der Zeit nachgedunkelten Tapete. «Sieh an, Mylène hat den Diaz verkauft», dachte sie und fühlte ein Bedauern, denn sie hatte die Schäferszene, die seit jeher diese Wand geschmückt hatte, immer sehr gern gehabt. Allmählich wurde diese Wohnung immer kahler, damit die Schulden bei der Bank bezahlt werden konnten. Es reichte für den Lebensunterhalt ihrer immer noch schönen, immer noch jungen und immer noch leichtsinnigen Mutter nicht aus, daß sich Jade Abend für Abend entblätterte.

Sie zog sich leise in ihr Zimmer zurück, denn aus dem Wohnzimmer erscholl Gelächter. Mylène war offenbar nicht allein. Normalerweise störte es sie, wenn ein Mann bei ihrer Mutter war, es machte sie eifersüchtig im Gedenken an ihren Vater, der vielleicht doch noch lebte und in irgendeinem Gefangenenlager saß, und sie wünschte sich, daß man den Verschollenen ehrte und um ihn trauerte. Aber das Verlangen, das sie an diesem Abend für Roland empfand, stimmte sie heute etwas nachsichtiger gegen ihre Mutter. Sie begriff mit einemmal Mylènes Nöte, als der Geliebte nicht mehr aus

Vietnam zurückkam, sie begriff die Leiden des Fleisches, eines jungen und sinnlichen Körpers, der plötzlich verlassen worden war und seine eigenen Forderungen stellte.

Roland muß ungefähr 40 Jahre alt sein, überlegte Jade, als sie sich auszog. Sie dachte an seinen schroffen Ton beim Abschied. Ob sie ihn wohl wiedersehen würde? Sie sehnte sich nach ihm, brauchte ihn.

Sie zog den Pullover über den Kopf, legte ihre Ballerinas ab, dann die Jeans, setzte sich auf die Bettkante und betrachtete sich im Spiegel des Kleiderschranks. So hätte Roland sie sehen sollen – ohne Kleider und ohne Schminke, mit offenen Haaren, ausgeliefert und verletzlich. Sie öffnete langsam die Schenkel und legte die Hand auf ihren glatten, weichen Schamhügel. Ein Zucken ging durch ihre Klitoris, die sich noch hinter den Schamlippen verbarg. Jade entblößte sie, offenbarte sie im Spiegel ihren Blicken und schenkte sich endlich die Liebkosungen, die sie Roland untersagt hatte.

Es klopfte an der Tür. Ohne eine Antwort abzuwarten, trat ihre Mutter ins Zimmer. Jade sprang mit einem Satz auf, schamrot vor Schuldbewußtsein.

«Was machst du denn da, so splitternackt? Ich habe Besuch», sagte ihre Mutter. Sie trug ein bodenlanges Négligé aus Rohseide, das ihre Hüften eng umspannte und ihre Brüste halb freilegte.

«Das hier ist mein Zimmer», antwortete Jade.

«Du bist später als sonst nach Hause gekommen. Warum?»

«Ich bin doch kein kleines Kind mehr!»

«Sieh dich vor, Jade! In deinem Metier muß man auf sich aufpassen, oder willst du auf den Straßen von Marseille enden?»

Jade zuckte nur mit den Achseln. Mylène machte ihrer Tochter Vorschriften, über die sie sich selbst ohne weiteres hinwegsetzte. Sie hatte nie gezögert, sich auf die riskantesten

Abenteuer einzulassen und war immer wieder auf neue Genüsse aus gewesen.

«Mylène!» rief eine Männerstimme vom anderen Ende der Wohnung. Dann hörte man das Lachen einer Frau.

‹Sie sind also zu dritt›, dachte Jade, und es versetzte ihr einen Stich ins Herz, als sie sah, wie sich ihre Mutter mit wiegenden Hüften und lüsterner Miene zurückbegab zu ihren Gästen. Sie wartete noch einen Moment, bevor sie, immer noch nackt, leise zur Glastür des Wohnzimmers huschte, durch deren Scheiben sie aus dem sicheren Dunkel der Diele heraus einen Teil des Raums überblicken konnte. Dort zeichneten sich jetzt die Schatten dreier Gestalten ab. Zwei standen aufrecht, eine kniete, und während sich die einen umschlangen, skandierte der Kopf der dritten den Rhythmus des Liebesakts. Die Hand zwischen den Beinen, horchte Jade an der Tür und hörte den Lustschrei ihrer Mutter.

Am anderen Morgen wurde Mylène vom Klingeln an der Wohnungstür geweckt. Sie schlüpfte in ihr Négligé, das am Fußende des Bettes lag, schüttelte mit den Händen ihr rotlockiges Haar auf und ging zur Tür. Ein großer und athletisch gebauter Mann stand vor ihr, mit einem selbstsicheren Lächeln auf dem braungebrannten Gesicht.

«Hier wohnt doch Jade, nicht wahr?» fragte er und überreichte Mylène einen Strauß weißer Orchideen mit kleinen grünen Sprenkeln. «Sind Sie eine Freundin von ihr?»

Mylène ließ ihn in dem Glauben. Es mißfiel ihr durchaus nicht, daß man sie für jünger hielt, als sie war. Außerdem war sie kaum achtzehn gewesen, als Jade zur Welt kam... Sie lächelte geschmeichelt und auf ihren mit Sommersprossen bedeckten Wangen zeigten sich zwei reizende Grübchen.

«Treten Sie ein», sagte sie.

«Mein Name ist Roland Perrier, und ich bin einer von Jades Bewunderern. Kann ich sie vielleicht sprechen?»

«Sie ist zur Probe und wird nicht vor dem Abend zurück sein. Kennen Sie sie schon länger?»

«Leider erst seit gestern.»

Rolands Blick wanderte über die kahlen Wände und die wenigen alten Möbelstücke, die vereinzelt in dem großen Raum standen, in den ihn Mylène geführt hatte.

«Wir müssen uns auf den Boden setzen», sagte sie, «das Sofa ist zur Zeit in Drouot.»

Sie servierte zwei Gläser Glenfiddich und ließ sich auf einem abgenutzten Orientteppich nieder, die Beine seitlich untergeschlagen. Ihre wohlgeformten Schenkel zeichneten sich unter der Seide des Morgenmantels ab. Sie hatte den Kopf gegen ihre Schulter gelehnt und ihr halboffenes Dekolleté enthüllte eine weiße, mit winzigen Sommersprossen bedeckte Brust.

Roland rückte näher zu ihr, blickte in ihre moosgrünen Augen und hatte verstanden:

«Sie müssen Jades Mutter sein...»

Mylène machte einen Schmollmund und zog ihren Morgenmantel ein Stück höher, wobei sie ihre winzigen, rotlackierten Fußnägel enthüllte.

Roland legte seine Hand auf den Spann ihres Fußes und umfaßte ihren schmalen Knöchel. Dann streifte er mit der Spitze des Zeigefingers die Seide von ihrem Unterschenkel und ihrem Knie, bis schließlich das dichte braune Dreieck von Mylènes Scham sichtbar wurde.

«Zeigen Sie mir mehr», bat er.

Mylène löste den Gürtel und zeigte ihren nackten Bauch. Roland beugte sich über sie, schob den Stoff zur Seite und entblößte ihre schweren, festen Brüste. Mit einem Finger streichelte er über eine der Brustwarzen, bis sie sich aufrichtete und er sie mit seinen Lippen umschloß. Mylène begann zu zittern und tastete mit halbgeschlossenen Augen nach Rolands Hosenschlitz. Sie fand ihn bereits geöffnet, ließ das steife Glied herausschnellen und legte ihre Lippen darauf. Roland schob seine Hand unter ihr Négligé, streichelte ihre Hüften und ihre Hinterbacken, während Mylène an seinem Glied saugte und sich mit Brüsten und Vulva an der rauhen Wolle von Rolands Hose rieb. Schließlich legte er sie auf die Seite und beugte sich über ihre Klitoris, die ganz geschwollen war, dick und rot wie eine Kirsche.

Im selben Augenblick drehte sich ein Schlüssel in der Wohnungstür und Jades muntere Stimme ertönte:

«Ich hab meine Sachen vergessen...»

Roland legte seinen Mund auf Mylènes Geschlecht und steckte seine Zunge tief hinein. Mylène wölbte die Hüften vor und spannte ihre Gesäßmuskeln an, um sich noch fester an ihn zu pressen und den Druck dieser köstlichen feuchten Liebkosung zu verstärken. Roland war nicht sicher, ob sie überhaupt merkte, daß ihre Tochter aufgetaucht war und einen Augenblick sprachlos und entgeistert in der Tür stand, bevor sie kehrtmachte, die Tür zuschlug und in ihr Zimmer rannte.

Er ließ sich nicht unterbrechen und liebte Mylène weiter, bis sie sich in seinen Mund ergoß und er sich in den ihren. Erst danach, als sie noch ganz benommen auf dem Boden lag, erhob er sich und ging zu Jade, die weinend und mit aufgelöstem Haar auf ihrem Bett lag.

«Ich will Sie nicht sehen!» erklärte sie, obwohl sie ihre Zimmertür weit offen gelassen hatte.

«Was wirfst du mir vor? Gestern wolltest du nicht, daß ich dich berühre. Es ist wie mit dem Anhänger, Jade... was du nicht willst, gebe ich irgend jemand anderem.»

«Aber Sie haben weitergemacht, obwohl Sie wußten, daß ich da war... Als ob ich überhaupt nicht existiere!»

«Warum sollte ich deinetwegen ein Vergnügen abbrechen, dem du dich verweigert hast?»

«Gehen Sie. Ich hasse Sie!»

Er streichelte ihr übers Haar und ging. Jade hörte die Wohnungstür ins Schloß fallen, war mit ein paar Sätzen im Badezimmer, drehte das Badewasser auf und schüttelte eine ganze Flasche irgendeiner duftenden blauen Flüssigkeit hinein. Sie war so außer sich, daß Mylène, die hinzugekommen war, sie ganz überrascht ansah.

«Ich bin dir völlig gleichgültig! Ich zähle überhaupt nicht für dich!» schrie Jade ihre Mutter an.

«Aber Jade, ich habe geglaubt, es macht dir nichts aus. Du hast bisher nie etwas gesagt.»

«Bei diesem Mann ist es etwas anderes. Ich weiß selbst nicht, warum.»

«Er ist zu alt für dich», erklärte Mylène, während sich Jade in den blauen Schaum sinken ließ. «Was willst du mit ihm? Du bist noch viel zu jung.»

«Ich bin neunzehn!»

«Du solltest lieber mit Jungen deines Alters gehen», meinte Mylène unbeirrt. «Übrigens wird Roland ohnehin bald abreisen. Er lebt nicht in Frankreich, weißt du.»

Jade brach fast zusammen unter dieser Mitteilung. Sie hatte ein ungeheuer verlockendes Angebot ausgeschlagen, und jetzt war alles zu spät. Sie würde Roland nie wiedersehen und nie die Lust kennenlernen, die er zu geben hatte.

An diesem Abend gab sie beim Tanzen mit ihrem ganzen Körper ihrem quälenden Verlangen Ausdruck. Alles an ihr vibrierte vor Lust, sie reckte ihre Brüste allen Augen im Saal entgegen, als ob sie mit jedem einzelnen Zuschauer den Akt vollziehen wollte. Christian paßte sie zwischen zwei Auftritten ab und hielt sie hinter der Bühne fest.

«Wenn du wüßtest, wie erregend du heute abend bist!»

Sie stieß ihn zurück und zog sich nach der Schau eilig in ihre Garderobe zurück. Sie wollte niemanden sehen, schon gar nicht Christian, und ihren Körper in dem weiten Pullover verstecken, den sie auf der Straße immer zu tragen pflegte.

Im Laufschritt durchquerte sie das Lokal auf dem Weg zu ihrer Garderobe, den Blick auf den Boden gerichtet und so in Gedanken versunken, daß sie mit einem Mann zusammenstieß, der ihren Weg versperrte. Sie schaute hoch, um sich zu entschuldigen, und erkannte Roland.

«Lassen Sie mich durch», sagte sie aufgebracht, bis ihr wieder einfiel, daß er sie stets beim Wort nahm.

«Willst du wirklich, daß ich dich allein lasse?» fragte er sanft.

Sie stand vor ihm, den Kopf mit der Federperücke, die Roland auf Distanz hielt, zu Boden gesenkt, ihre nackten Brüste zitterten. Roland hob ihr Kinn hoch, legte seine Hand auf ihren Hals und zog sie sofort mit einem Ausdruck von Ekel wieder zurück. Sie war ganz mit Schminke beschmiert. Jade brach in helles, übermütiges Gelächter aus, wurde aber gleich wieder ernst und düster.

«Warum sind Sie gekommen, wenn Sie doch ohnehin bald wegfahren?» beklagte sie sich.

«Das stimmt. Ich muß zurück nach Costa Rica. Ich lebe und arbeite dort.»

Er nahm sie bei der Hand, zog sie zu einem Tisch im Hintergrund und fuhr dann fort: Ich sammle präkolumbianische Kunst. Die schönsten Stücke behalte ich selbst, die übrigen verkaufe ich. Nichts ist wichtiger als die Schönheit, Jade, höchstens die Lust, und das eine lebt vom andern. Ich sammle auch schöne Frauen, ich liebe sie und gebe ihnen Lust. Die aufregendsten versuche ich bei mir in Costa Rica zu halten, und sie so glücklich zu machen, daß sie nicht auf den Gedanken kommen, mich zu verlassen. Aber wenn sie wegwollen, lasse ich sie gehen, denn sie sind frei.»

Jade wurde ganz schwindlig vor Eifersucht. Eine Träne lief über ihre Wange und hinterließ eine helle Spur in der braunen Schminke.

«Deine Augen haben die Farbe meines Lieblingssteins.

Möchtest du das schönste Juwel in meiner Sammlung werden, Jade? Eine lebende Statue, die für mich und meine Gäste tanzt?»

«Meine Mutter braucht das Geld, das ich hier verdiene.»

«Ich werde dir jeden Monat die doppelte Summe auf dein Konto in Frankreich überweisen, und bei mir wirst du keine Ausgaben haben. Ich werde für alles sorgen, was du brauchst.»

Jade überlegte. Die Straßen von Marseille, von Tanger fielen ihr ein und all die anderen Schauergeschichten, von denen ihre Mutter unaufhörlich sprach... Sie wollte schon nein sagen, als ihr Blick auf Rolands Augen traf und sie sich wieder erinnerte, welche Aufrichtigkeit er bewiesen hatte, als sie ihn mit ihrer Mutter überrascht hatte. Und als sie ihm verboten hatte, sie zu berühren, hatte er jedesmal sofort gehorcht. Sie wußte nicht genau, warum – aber sie fühlte, daß dieser Mann sie nicht belog.

«Werden Sie mich mehr lieben als die anderen?» fragte sie bebend.

«Ich werde dich ebenso sehr lieben. Ich gehöre niemandem, ich bin frei. Und du, Jade, wirst auch frei sein, freier, als du es hier bist.»

Die letzten Gäste waren längst gegangen. Nach und nach erschienen auch die Tänzer in normaler Straßenkleidung und verließen das Lokal. Von der Tür aus rief die Garderobiere:

«Brauchen Sie mich noch?»

«Nein, danke, ich komme schon allein zurecht», antwortete Jade.

Die Lichter im Lokal gingen aus, nur die Lampen an der Bar brannten noch, während der Kellner die letzten Säuberungsarbeiten vornahm und auf diese Weise auch Roland zu verstehen gab, daß es Zeit war, nach Hause zu gehen.

«Geh dich duschen», flüsterte Roland, «ich warte in deiner Garderobe auf dich.»

Roland wartete, bis der Kellner in eine andere Richtung guckte, um ungesehen hinter die Bühne zu gelangen. Jade war schon fast fertig mit dem Umkleiden. Sie bürstete gerade ihre langen dunklen Haare, und er schaute ihr dabei zu. Ihre Haltung hatte immer noch etwas Tänzerisches, auch ohne ihr Kostüm, ihren Federschmuck und die Schminke.

«Zieh dich aus und tanz ein wenig. Für mich ganz allein», befahl er.

Zaghaft folgte sie seinen Wünschen, warf ihre Kleider ab und machte ein paar Tanzschritte ins Halbdunkel der Bühne. Plötzlich schaltete Roland die Beleuchtung ein und richtete die Scheinwerfer auf Jade, so daß er zum erstenmal ihre nackte, rasierte Scham sah, die keusche Spalte eines kleinen Mädchens, hinter der sich die zarten rosigen Schamlippen und das Lustorgan verbargen.

«Tanz!» bat er noch einmal.

Jades nackter Körper begann kreisende Bewegungen zu vollführen, die Hüften wanden und wiegten sich. Dann nahmen die Beine den Rhythmus auf und enthüllten das tiefe und feuchte Versteck zwischen den Schenkeln. Wie gebannt starrte Roland auf dieses Dreieck, das er noch nicht besessen hatte. Seine Hose spannte sich über seinem erigierten Glied, bis er es befreite und langsam in der Dunkelheit zu massieren begann.

«Dreh dich um», sagte er, «zeig dich von hinten.»

Sie wölbte ihm das Becken entgegen, daß sich ihre Gesäßmuskeln abzeichneten, und ließ ihre Hüften hin und her schwingen. Sie war so in ihren Tanz vertieft, daß sie nicht bemerkte, wie Roland von hinten näher kam. Plötzlich preßte er sich an sie und schob sein erigiertes Glied zwischen ihre schmalen, von der Anstrengung des Tanzes angespannten Schenkel.

‹Endlich!› dachte Jade und lehnte sich an ihn. ‹Endlich wird er mich nehmen...›

Er legte ihre Hand auf seine Eichel. Die Hand ließ sich willig führen, blieb aber liegen, wo sie war, nutzlos und ohne eine Regung.

«Hast du noch nie einen Mann angefaßt?» fragte er erstaunt.

«Nie», gestand Jade.

«Aber du hast schon mit Männern geschlafen?»

«Ja.»

«Machst du es gern?»

Jade errötete noch ein wenig stärker und blieb stumm. Roland legte seine Hand auf ihre und bewegte sie an seinem steifen Glied auf und ab.

«Sag mir, wie du es am liebsten machst», wollte er wissen.

«Am liebsten allein, mit meinen Fingern», antwortete Jade mit leiser Stimme, beschämt und erregt zugleich durch dieses Geständnis.

«Gut so», lobte Roland, «dann tu es jetzt für mich. Zeig mir, was du machst, wenn dir niemand zuschaut.»

«Ich trau mich nicht.»

«Nichts, was dir Freude macht, kann schlecht sein, wenn sonst niemand darunter leidet. Vergiß das nie, Jade. In der Liebe ist alles erlaubt, was die Beteiligten glücklich macht. Und mich würde es noch glücklicher machen, wenn du dich befriedigst. Also, tu es.»

Noch ein wenig unentschlossen, schob Jade die Hand zwischen ihre Schenkel. Als sie Rolands ermutigenden Blick sah, streifte sie vorsichtig mit dem Zeigefinger über ihre Klitoris.

«Weiter, mach weiter», hörte sie Roland drängen, als sie erneut zögerte.

Jetzt drückte sie den Finger fest gegen die Vulva und begann zu reiben.

«Sachte, sachte», flüsterte Roland an ihrem Ohr. «Du sollst noch nicht kommen, nicht schon jetzt, nicht so schnell...»

Aber Jade war außerstande, ihm zu gehorchen, und rieb immer heftiger, bis Roland mit Gewalt diese fast besessene Hand wegriß und mit einem heftigen Stoß sein Glied in ihren Schoß bohrte. Völlig überrascht stieß Jade einen Wollustschrei aus und preßte sich an den Körper, der sich ganz langsam in ihr bewegte und ihr einen schwachen Laut entriß, als der Orgasmus kam, ein Krampf, der sie schüttelte und erschreckte.

«Na, gefällt es dir nicht auch mit einem Mann?» flüsterte er, den Mund an ihren Brüsten.

«Ja... mit Ihnen... ich liebe Sie...» stammelte sie.

Jade setzte sich auf das Bett ihrer Mutter und weckte sie mit einem Kuß. Mylène wälzte sich schläfrig, rieb sich wohlig die Wange an ihrer Schulter und reckte ihre großen Brüste unter der schwarzen Seide ihres Nachthemds.

«Es ist sehr früh», protestierte sie mit ihrer rauchigen, sinnlichen Stimme.

«Ich wollte dir nur sagen, daß ich mit Roland weggehe», flüsterte Jade, ein wenig zaghaft.

Mylène richtete sich mit einem Ruck auf. ‹Jetzt wird sie mich ohrfeigen›, dachte Jade, aber ihre Mutter umarmte sie und drückte sie an sich.

«Mein kleines Mädchen ist also erwachsen geworden», sprach sie sanft. «Bist du deiner Sache sicher?»

«Ich bin sicher. Ich habe alles von ihm zu lernen.»

«Ich verstehe.»

«Das Geld für dich wird er mir geben.»

«Geld ist nicht so wichtig, Jade. Ich habe immer noch die Diamanten von Tante Berthe. Sie sind ohnehin so protzig, daß man sie nicht tragen kann.»

Eine Zeitlang hielten sich Mutter und Tochter schweigend im Arm.

«Du wirst mir fehlen», flüsterte Mylène dann. «Wundert

es dich nicht, daß ich gar nicht versuche, dich hier zu behalten?»

«Doch, ich dachte, du würdest sehr wütend werden.»

«Ich habe viel über dich nachgedacht, heute nacht. Bis jetzt war dein Körper für dich nur eine Art Werkzeug, das du dir durch den Tanz gefügig gemacht hast und das du heute benutzt, um damit deinen Lebensunterhalt zu verdienen. Das ist nicht schlecht, aber es genügt nicht. Man muß auch lernen, Lust aus ihm zu beziehen, so wie ich es immer gemacht habe. Er hat mir schon so viele Höhepunkte beschert, Jade, und er wird es noch weiter tun... Aber jetzt bist du an der Reihe. Möglicherweise habe ich immer versucht dein Erwachsensein hinauszuzögern, um mir dadurch meine Jugend zu bewahren, wer weiß? Aber nun kommt es mir plötzlich so vor, als ob mein Alter gar keine Rolle mehr spielt. Und du, du wirst nun allmählich eine Frau...»

«Ich *bin* eine Frau!»

«Noch nicht, Jade – aber bald.»

2. Kapitel

In ihren üblichen Jeans und dem weiten Pullover, das Haar unter einer roten Baskenmütze versteckt und eine Sporttasche über der Schulter, lief Jade auf Roland zu, der sie mit den Bordkarten vor dem Erste-Klasse-Schalter erwartete.

Er nahm ihr die Tasche ab, drückte sie an sich und flüsterte ihr ins Ohr:

«Ich habe dir doch verboten, deine Haare zu verstecken.»

Sie zog ihre Mütze ab, warf sie in einen Papierkorb und schüttelte das geflochtene Haar.

«Das muß belohnt werden», sagte Roland und gab ihr einen leidenschaftlichen Kuß auf den Hals. «Du brauchst deine Tasche noch nicht aufzugeben, ich will erst sehen, was du mitgenommen hast.»

Er zog sie hinüber zur Senator-Lounge, setzte sie an einen Tisch in der Ecke und ließ sie auspacken. Stück für Stück untersuchte er jedes einzelne Teil, die Shorts, die langen Hosen und die T-Shirts. Sein Gesichtsausdruck sprach Bände.

«Legst du Wert auf diese Lumpen?»

«Mehr hab ich nicht», antwortete Jade.

«Das trifft sich gut, ich hab für alles gesorgt», sagte er und überreichte ihr einen kleinen Lederkoffer.

«Mach ihn auf. Was du darin siehst, ist für dich. Deine übrigen Koffer sind schon im Gepäckraum.»

Neugierig ließ Jade das Messingschloß aufspringen. Ganz obenauf lagen ein Büstenhalter und ein Slip aus heller Seide.

«Ich trage nie Unterwäsche», protestierte Jade.

«Überleg dir einmal, wie aufregend es sein kann, sich auszuziehen, Stück für Stück zu entblättern, was man verhüllt hat. Versuch's mal, man muß alles probieren. Geh und zieh dich um.»

Jade lief bereits zur Toilette. Vor dem Waschtisch stand eine Stewardess, die gerade ihr Make-up erneuerte. Bevor Jade in einer der Kabinen verschwand, streifte sie noch ein fast verächtlicher Blick, der zweifellos ihrem jungenhaften Aufzug galt.

Jade verriegelte die Tür, die etwa 30 Zentimeter über dem Boden endete, und zog sich aus. Sie mußte lächeln und fand es aufregend, sich vorzustellen, daß die Stewardess vermutlich sehen konnte, daß ihre Kleider auf dem Boden lagen. Dann zog sie den Slip über, ein winziges Dreieck aus feinster Seide, das vorn einen hohen Beinausschnitt hatte und hinten alles frei ließ. Es war ein erregendes Gefühl, den leichten, kühlen Stoff auf der Haut zu spüren und das Reiben des Bandes, mit dem das Ganze zusammengehalten wurde. Der Büstenhalter machte ihre Brüste praller und unter dem dünnen Stoff zeichneten sich ihre dunklen Brustwarzen ab.

Nun zog sie ein enganliegendes Kleid aus grüner Baumwolle über, das am Hals und im Rücken weit ausgeschnitten war und so kurz, daß es kaum ihr Hinterteil bedeckte. Zum Schluß stieg sie in einen Hauch von Schuh mit sehr hohen Absätzen.

Als sie die Kabine verließ, um ihre Jeans und ihren Pullover in den Mülleimer zu werfen, schien die Stewardess wie vom Donner gerührt. Jade begriff ihr Erstaunen, nachdem sie einen Blick in den Spiegel geworfen hatte. Ihre Figur, die sie bislang unter dem formlosen Pullover versteckt hatte, wurde jetzt betont und veredelt. Unter ihrer schmalen Taille rundeten sich die Hüften, ihre Brüste wölbten sich noch frecher und ihre Beine wirkten noch schmaler und länger. Sie streifte den Haargummi ab und löste ihren Zopf.

«Die wunderbare Verwandlung des häßlichen kleinen Entleins...» sagte sie lachend zu der Stewardess, bevor sie stolz und selbstsicher den Waschraum verließ.

Roland erhob sich, als er sie kommen sah. Aus seinem Gesichtsausdruck war zu entnehmen, wie begehrenswert er sie nun fand. In einem Gefühl des Triumphs schmiegte sie sich zärtlich an ihn.

«Fühlst du, wie sehr ich dich will?» flüsterte Roland und legte Jades Hand auf seinen Hosenschlitz.

Beim Hinsetzen rutschte ihr Kleid so weit hoch, daß es schon unanständig war. Roland fuhr leicht über ihren Oberschenkel und kam dabei so nahe an ihren Seidenslip, daß sie die Wärme seiner Hand auf ihrer Vulva spürte. Sie spreizte kaum merklich ihre Beine, um zu zeigen, daß ihr seine Berührung willkommen war.

«So mag ich dich», flüsterte Roland. «Wenn du mich glücklich machen willst, mußt du immer alles annehmen, was ich dir anbiete. Auch meine Zärtlichkeiten sollen Geschenke für dich sein, wie die Kleider, die ich dir gebe. Willst du sie annehmen, meine Geschenke?»

Jade machte ein Zeichen der Zustimmung. Sie fühlte sich ein wenig beschämt von soviel Fürsorge und fragte neckend:

«Sie sind ein Philanthrop?»

Es widerstrebte ihr immer noch, ihren Geliebten zu duzen, obwohl sie sich ihm schon hingegeben hatte. Rolands stilles Lächeln enthüllte seine regelmäßigen Zähne, ‹Zähne, die wie geschaffen sind für zärtliche Bisse›, dachte Jade.

«Du kleines Luder... Du weißt ganz genau, wie es mich aufregt, wenn du schön und begehrenswert aussiehst. Haben dir eigentlich immer alle Männer nachgestarrt, wenn du durch das Lokal gegangen bist? Ich will, daß dich jeder haben will. Der da zum Beispiel...»

Er zeigte auf einen beleibten Geschäftsmann, der ein paar Tische weiter das *wall street journal* las. Jade erhob sich, ging mit wiegenden Hüften zu dem Unbekannten und bückte sich mit gestreckten Beinen, das Hinterteil in die Luft reckend, nach dem Zeitungsständer neben seinem Sessel, um sich eine Illustrierte herauszuholen. Sie blätterte das Angebot durch und nahm sich dafür alle Zeit, immer noch gebückt, hob dann und wann einen Fuß, streifte ihren Schuh ab oder zog ihn wieder an und schien sich nicht im geringsten für den Mann zu interessieren, wohl wissend, daß sie seine Aufmerksamkeit längst erregt hatte. Plötzlich gab sie ihrem Schuh einen kleinen, ungeschickten Stoß, so daß er unter dem Sessel des Mannes verschwand. Darauf drehte sie sich um, sah ihm in die Augen und sagte leicht verwirrt:

«Ach, entschuldigen Sie bitte, aber ich glaube, ich habe meinen Schuh unter Ihrem Sessel verloren.»

Sie kniete sich hin und steckte ihren Kopf zwischen die Beine des Mannes, der sich inzwischen herzlich wenig um seine Börsenkurse kümmerte und statt dessen auf Jades

Schenkel starrte, wobei er sich zweifellos fragte, wie hoch ihr Kleid wohl noch rutschen würde, wenn sie erst ihren Arm vorgestreckt hatte. Etwas zerzaust kam Jade mit dem Schuh in der Hand wieder zum Vorschein und schenkte dem Mann ein bezauberndes Lächeln, bevor sie sich erneut bückte, ihren Schuh anzog und zurückging zu Roland. Der Mann sah ihr nach, seine Züge waren völlig verzerrt.

«Das hast du gut gemacht», lobte Roland, «aber beim nächstenmal solltest du noch etwas mehr wagen», fügte er hinzu, als handle es sich darum, einen Ski- oder Segelkursus zu absolvieren.

«Was hätte ich denn noch mehr tun können?» fragte sie.

«Du hättest ihn beispielsweise anfassen oder dich streicheln lassen können...»

«Hier? Mitten im Warteraum?»

«Alles ist möglich, jederzeit und überall.»

«Und was ist mit dir? Bist du nicht eifersüchtig?»

«Wenn dich andere begehren, macht dich das noch schöner. Wenn wir uns in den Armen halten, sehe ich nicht genug von dir, aber vorhin, als ich dich dabei beobachten konnte, wie du diesen Mann provoziert hast, da habe ich mehr von dir gehabt. Du warst die Jade, die ich umarme, und die, die vor meinen Augen einen anderen verführt, um mir zu gefallen.»

Inzwischen war ihr Flug aufgerufen worden, und sie machten sich auf den Weg zu ihrem Gate. Der Mann mit dem *wall street journal* folgte ihnen auf dem Fuß, was Jade zum Anlaß nahm, plötzlich stehenzubleiben, so daß der Unbekannte mit ihr zusammenstieß und sich einen Moment lang an ihr festhalten mußte. Entschuldigend legte sie ihre Hand auf seinen Arm, was der Unbekannte mit einem anzüglichen Lächeln quittierte.

«Ob er mich jetzt für eine Prostituierte hält, was meinen Sie?» flüsterte sie Roland zu, als sie im Flugzeug Platz nahmen, in derselben Sitzreihe wie Jades neuer Verehrer.

«Was er denkt, spielt keine besondere Rolle. Außerdem ist es doch nichts Schlimmes, sein Leben damit zu verbringen, anderen Lust zu geben – unter der Bedingung, daß man selbst auch etwas davon hat.»

«Selbst wenn man sich dafür bezahlen läßt?»

«Das Geld ist völlig nebensächlich. Schlimm ist nur, wenn man sich verkauft, ohne daran Freude zu haben.»

«Möchten Sie, daß ich mich prostituiere?»

«Das ist der geheime Wunsch vieler Frauen. Wenn du ihn auch hast, mußt du ihn dir erfüllen.»

Jade runzelte die Brauen und überlegte, ob sie auch solche Phantasien hatte. Das Wort erinnerte sie an die Lieblingsfilme ihrer Mutter, Filme von Bergman und Buñuel, Filme mit Vergewaltigungen, Messern, blutüberströmten Geschlechtsteilen... ‹Hab keine Angst, das ist alles nur Phantasie›, pflegte Mylène zu sagen, wenn sich ihre kleine Tochter bei diesen gewalttätigen Szenen verschreckt an sie klammerte, aber der Tonfall ihrer Mutter und die Intensität, mit der sie auf die Leinwand starrte, hatten Jade schon damals zu der Überzeugung gebracht, daß Mylène an diesen Phantasien ihre helle Freude hatte.

«Werden Sie mir beibringen, geheime Phantasien zu haben?» fragte sie.

Roland brach in Lachen aus: «Das brauch ich nicht, sie stecken bereits in dir, du hast sie nur noch nicht entdeckt. Ich bin überhaupt sicher, daß du den größten Teil deiner sinnlichen Möglichkeiten noch gar nicht in Anspruch genommen hast.»

«Werden Sie mich erwecken?» fragte Jade und schmiegte sich zärtlich an ihn.

«Du kannst mich ruhig duzen.»

«Mir ist es lieber, beim Sie zu bleiben. Das macht Sie distanzierter und geheimnisvoller. Auf diese Art werde ich jedesmal, wenn Sie mich berühren, das Gefühl haben, es sei das erste Mal.»

«Siehst du, dieses kleine Spiel mit dem Siezen – das ist zum Beispiel eine dieser Phantasien.»

Nach dem Abendessen wurde es sehr rasch dunkel. Roland vertiefte sich in eine Illustrierte, während Jade aufstand und zur Toilette ging. Als sie die Kabine wieder verließ, stand der Geschäftsmann wartend davor. Trotz seiner Korpulenz und seines weitgehend kahlen Schädels hatte er etwas Anziehendes, mit seiner glatten, makellosen Haut und seinem vollen Mund. Jade lächelte ihn an.

«Sie fliegen nach Peru?» fragte er.

«Nein, nur bis Costa Rica. Und Sie?»

«Ich bin Peruaner und lebe in Lima. Sprechen Sie spanisch?»

«Nein, nur englisch.»

Die Stewardess bahnte sich einen Weg durch den Gang, Jade drückte sich etwas dichter gegen den Peruaner, als es unbedingt nötig gewesen wäre und meinte, seine Erektion zu fühlen. Plötzlich hörte sie sich Dinge sagen, die sie nie geglaubt hätte, einem Unbekannten gegenüber äußern zu können.

«Hast du Lust, mit mir zu schlafen?»

Der Mann legte seinen Arm um ihre Taille und fingerte nervös an ihr herum.

«Sag es, wenn du Lust hast», wiederholte sie.

«Große Lust...»

Sie öffnete die Toilette, die sie eben verlassen hatte, und zog den Peruaner in den engen Raum. Er umschlang sie sofort, faßte mit einer Hand unter ihr Kleid, zerriß ihren Seidenslip und ließ ihn fallen. Dann zerrte er seinen Reißverschluß auf und drang in sie ein.

Jade blieb regungslos stehen, spürte, wie sich das Glied in ihr bewegte und dachte an Roland. Sie würde ihm gleich berichten, von dem keuchenden Atem des Unbekannten, den Schweißtropfen, die über sein Gesicht rollten, den rhythmischen Stößen seines Beckens, und die Lust des Fremden, der sie in diesem Augenblick nahm, würde Rolands Verlangen noch weiter schüren... Der Mann stieß einen kurzen, tierischen Laut aus und ergoß sich. Dann zog er seine Hose zu und verließ wortlos den Raum.

Wieder auf ihrem Platz, fühlte sich Jade noch erregter als vor diesem Akt mit dem Fremden. Roland war noch in seine Lektüre vertieft und legte seine Hand zärtlich auf ihren Oberschenkel. Jade nahm sie und legte sie auf ihre steife, geschwollene Klitoris. Roland blickte hoch.

«Wir werden aber mächtig schamlos...» sagte er scherzend. «Und wo hat die kleine Jade wohl ihr Höschen verloren?»

Jade reichte ihm den zerrissenen Fetzen Seide und zeigte auf den Geschäftsmann, der wie gebannt auf die Rückenlehne seines Vordersitzes starrte.

«Du lernst schnell», sagte Roland.

Während sie ihm von ihrem Abenteuer berichtete, hob er ihren Rock und entblößte die rasierte Scham. Jade wußte genau, daß der Peruaner, trotz seiner unbeteiligten Miene, aus dem Augenwinkel verfolgte, wie Roland seinen Zeigefinger in ihre Spalte steckte, die noch ganz voll war vom Sperma des Fremden, und ganz sachte hin und her bewegte, beinahe ohne sie zu berühren. Jade krümmte sich, wölbte das Becken vor und verstummte.

«Sprich weiter», befahl Roland, «erzähl mir Einzelheiten. Wie sah sein Glied aus?»

«Breit und kurz», stammelte Jade und preßte sich fester gegen Rolands Hand. «Er hat sich kaum in mir bewegt und ist ganz schnell gekommen.»

«Und du?»

«Ich nicht. Reib ein bißchen stärker, ich bitte dich.»

«Du sollst mich siezen.»

«Ich bitte Sie, fester! Drücken Sie!»

«Nein, ich möchte, daß du noch viel heißer bist, so heiß, daß du es noch kühner treibst.»

Er zog seinen Finger weg und steckte ihn in ihren Mund. Sie erkannte ihren eigenen Geschmack, vermischt mit einem starken, beißenden Geschmack nach Sperma, was die Erregung, die ihr den Leib zusammenzog und die Brüste schwellen ließ, noch erhöhte. Sie drängte sich ganz nah an Roland, überzeugt davon, daß er sie gleich befriedigen würde, aber er griff nur wieder nach seiner Illustrierten und überließ sie ihrem Taumel. Vor Erregung wie von Sinnen wollte Jade eben alle Zurückhaltung aufgeben und sich selbst befriedigen, aber Roland packte ihre Hände und hielt sie fest.

«Warte», sagte er, «laß die Lust noch ein bißchen wachsen ...»

Mitten in der Nacht landeten sie in Kuba zwischen und verließen das Flugzeug. Es war sehr heiß und Jades Kleid klebte an ihrer Haut. Der Transit-Warteraum war voller Kubanerinnen, die auf Jade wirkten wie aus einem Holz geschnitzt. Außerdem schienen sie alle die gleiche Kleidung zu tragen, die üppigen Hinterteile in strammsitzenden Mini-Röcken, aus denen runde, leicht haarige Schenkel ragten, dazu trugen die Damen weiße Söckchen und Schuhe mit Pfennigabsätzen.

Eine der Frauen nahm direkt ihnen gegenüber Platz. Ihr Brustumfang überstieg beträchtlich das Normalmaß und drohte jeden Augenblick die Knöpfe ihrer weißen Bluse zu sprengen. Offensichtlich stolz auf ihre einer Sanduhr ähnelnden Formen, reckte sie ihren Busen, um ihre schmale Taille zu zeigen, und taxierte Jade mit interessierten Blicken, wahrscheinlich in der Absicht, sich über die neueste Pariser Mode zu informieren.

Roland richtete schließlich das Wort an sie. Er sagte etwas auf spanisch, worauf das Mädchen laut auflachte und sich neben ihn setzte. Jade hatte kein Wort verstanden. Verärgert, daß man sie links liegenließ, stand sie auf, um einen Rundgang durch den Duty-Free-Shop zu machen. Bis auf ein paar Flaschen Rum und leicht verstaubte Stangen Zigaretten gab es in den Regalen jedoch nicht viel zu sehen, so daß ihr Bummel schnell beendet war und sie sich wieder auf den Rückweg machte. Aber Roland war nicht mehr auf seinem Platz, und das Mädchen war ebenfalls verschwunden. Jade sah sich im Warteraum um, ohne die beiden irgendwo zu entdecken. Die Bar war um diese vorgerückte Stunde geschlossen, und die Treppe, die zu ihr führte, hatte man mit einer Kette versperrt. Einer plötzlichen Eingebung folgend, sprang Jade über die Barriere und ging die Stufen hinauf. Oben war es ziemlich dunkel, aber sie erkannte Rolands Rücken sofort. Beim Näherkommen sah sie dann auch das Mädchen, das an der Wand lehnte, mit offener Bluse, entblößten Brüsten und hochgehobenem Rock.

Ihre erste Regung war Eifersucht, aber dann überkam sie ein seltsames anderes Gefühl. Das Mädchen sah schön aus, so hingegeben und zitternd vor Lust. Ihre Brüste, diese beiden riesigen, runden Kugeln, hatten etwas unglaublich Sinnliches mit ihren Warzen, so dunkel wie Oliven. Das schwarzlockige Haar lag wie eine Aureole um ihr Gesicht, und sie atmete stoßweise aus halbgeöffnetem Mund. Jade trat näher. Roland sah sie und sagte:

«Komm, du kannst sie auch anfassen.»

Sie hatte nie zuvor die Haut einer Frau unter ihren Fingern gespürt. Zaghaft streckte sie die Hand nach einer der Kugeln aus und berührte sie ganz leicht. Das Mädchen stöhnte lustvoll auf, und Roland warf Jade eine ermutigenden Blick zu, immer noch die Hand zwischen den Beinen der Kubanerin. Etwas kühner geworden, legte Jade ihre Lippen auf die große, steil aufgerichtete braune Brustwarze und leckte daran. Sie schien noch größer zu werden unter ihrer Zunge. Das Mädchen zuckte und bäumte sich auf, ihre Hände verkrampften sich in Jades Haaren, und plötzlich stieß sie zwei kurze Schreie aus.

«Jetzt ist sie gekommen», sagte Roland.

Eine Ansage ertönte aus dem Lautsprecher des Flughafens. Lachend brachte das Mädchen seine Kleidung in Ordnung und lief davon.

«Werden Sie sie wiedersehen?» fragte Jade.

«Ich weiß doch nicht einmal ihren Namen...» sagte er. «Komm her.»

Er blieb auf dem Treppenabsatz stehen, der über den Warteraum ragte, und forderte Jade auf, sich über die Brüstung zu lehnen, von wo aus sie für alle wartenden Passagiere sichtbar war. Sie spürte, wie Roland ihr Kleid hochhob und langsam in sie eindrang. Ihr Verlangen nach ihm war so groß, daß sie ihr Hinterteil hob und den Oberkörper weiter vorlehnte, damit er sie besser nehmen konnte. Er packte ihre Hüften und rammte ihr seinen Rüssel so heftig hinein, daß ihr Kopf und ihre Schultern auf und ab wippten wie auf einem Trampolin. Im Bewußtsein des Schauspiels, das sie für die Zuschauer da unten abgeben mußte, wollte sie schon laut herauslachen. Aber dieses Gefühl für die Komik der Situation wich bald einer starken Erregung, die sie bei dieser Zurschaustellung empfand. Hier und da schaute jemand zu ihr hoch und wandte, in plötzlichem Begreifen, den Blick wieder ab. Sie bedauerte das, denn am liebsten hätte sie sich von all diesen fremden Menschen betrachten lassen.

Während der kurzen Flugzeit zwischen Kuba und San José ließ Jade noch einmal alles Revue passieren, was sie seit der Begegnung mit Roland über sich selbst erfahren hatte. Demnach erregte sie also auch ein Frauenkörper und sie schien es zu lieben, andere zu provozieren und zu schockieren.

Sie nahm ihren kleinen Seidenslip und hielt ihn der Stewardess, einer hübschen Spanierin, die gerade vorbeikam und sich nach ihren Wünschen erkundigte, mit der Frage entgegen:

«Haben Sie vielleicht eine Sicherheitsnadel? Ich habe vorhin meinen Slip zerrissen, und da mein Kleid so kurz ist, sollte ich ihn wohl besser wieder anziehen.»

Die Stewardess errötete und brachte ihr das Gewünschte. Jade warf Roland einen kurzen Seitenblick zu und stellte fest, daß er mit ihr zufrieden war.

Sie sah aus dem Fenster und widmete sich dem Schauspiel des Sonnenaufgangs über Costa Rica, einer gebirgigen Landschaft aus Vulkanen und Katarakten, dicht begrünt mit geheimnisvollen dunklen Regenwäldern, die für Menschen offensichtlich schwer zugänglich waren.

Das Flugzeug verlor an Höhe. Eingebettet in Gebirgstäler wurde San José sichtbar. Jade umklammerte Rolands Hand. Zum erstenmal seit ihrer Abreise wurde ihr bewußt, wie abhängig sie künftig von ihm sein würde, in diesem abgelegenen kleinen Land, dessen Sprache sie nicht einmal beherrschte. Er verstand sie, auch ohne Worte, und sagte beruhigend:

«Mach dir keine Sorgen. Du wirst hier glücklich sein, glücklicher als jemals zuvor. Und wenn du Heimweh nach Paris hast, werde ich dir sofort ein Rückflugticket kaufen. Ich halte immer, was ich verspreche.»

Von neuem war sie voller Vertrauen. Roland hatte sie noch nie belogen.

Die Erste-Klasse-Passagiere gingen zuerst von Bord, und da Jade die einzige Frau unter ihnen war, ließ man ihr den Vortritt an der Gangway. Oben auf der Rampe empfing sie ein leichter Wind, der ihre Haare fliegen ließ und ihren Rock hochwehte. Sie war froh, rechtzeitig ihren Slip repariert zu haben, denn die beiden einheimischen Frachtarbeiter, die sich unten bereits am Laderaum zu schaffen machten, konnten ihre Blicke gar nicht losreißen von ihren nackten Beinen, die durch die hohen Absätze noch länger und fast ein wenig unanständig wirkten. Die Männer betrachteten sie ganz ungeniert, und Jade freute sich über diese offene Huldigung. Einer der beiden, ein sehr dunkelhäutiger und muskulöser Typ, reichte ihr die Hand, um ihr sicher über die letzte Stufe zu helfen.

Zu Jades Erstaunen war der kleine Flughafen sehr sauber und bestens organisiert. Roland begrüßte mehrere der Angestellten mit Handschlag und wurde auch von der Zollbeamtin, die ihre Pässe stempelte, freudig empfangen. Offenbar kannte er hier jeden.

Hinter der Zollabfertigung wurden sie bereits von einem schlanken, mittelgroßen Mann erwartet. Er trug eine dunkle Hose und ein weißes Hemd, dem man noch die frischen Spuren des Bügeleisens ansah. Seine Augen waren so dunkel, daß sich die Pupille kaum von der Iris abhob, und die schwarzen, krausen Haare wuchsen ihm bis in den Nacken.

Roland schüttelte ihm die Hand und stellte ihn Jade mit den Worten vor:

«Das ist Alejandro, mein Chauffeur. Er spricht englisch.»

Alejandro begrüßte sie mit einem Lächeln, bei dem seine Wangenknochen hervortraten und schneeweiße Zähne sichtbar wurden, blitzend wie sein Hemd. ‹Er sieht gut aus, aber er macht mir ein wenig angst›, dachte sie, während sie ihn dabei beobachtete, wie er Rolands schwere Lederkoffer in den Wagen lud. Es war ein Nissan Patrol, und Jade wunderte sich darüber, in einem Geländewagen abgeholt zu werden.

«Ein Luxusjeep, bequem und außerdem geländegängig. Nach der Fähre von Tempisque geht es nämlich auf einer unbefestigten Straße weiter und wir werden ein ausgetrocknetes Flußbett überqueren müssen.»

Alejandro setzte sich ans Steuer. Jade und Roland teilten sich den Beifahrersitz. Jade überlegte, ob Roland wohl von ihr erwartete, daß sie den Chauffeur verführte, aber eine innere Eingebung sagte ihr, daß es besser war, das zu unterlassen. Überdies war sie viel zu sehr damit beschäftigt, die Landschaft zu genießen. Alejandro machte sie auf Bananenstauden und Kaffeebäume aufmerksam und auf eine Goldmine, die einen ehemals grünen Hang in eine dürre braune Ebene verwandelt hatte. ‹Gold, der Schweiß des Sonnengottes...› dachte Jade versonnen und stellte sich vor, wie sich, tief versteckt im Innern des Berges, die Schätze der Maya türmten.

Zum Mittagessen machten sie Rast in einem Restaurant unter freiem Himmel. Jetzt erst bemerkte Jade, daß sie die ganze Zeit am Meer entlanggefahren waren, denn das Lokal lag direkt am Pazifik. Die Schönheit dieses für sie neuen Landes ließ ihr Herz höher schlagen und machte sie bereit für die Liebe. Sie fühlte, wie sich ihre Brüste unter dem Kleid lustvoll dehnten und wie es zwischen ihren Beinen zu pochen begann.

Sie bestellten *ceviche* und *huevos rancheros*. Dann verließ Roland den Tisch, um den Wirt zu begrüßen.

«Ihr Kleid hat die Farbe Ihrer Augen», wandte sich Alejandro an Jade.

Sie fühlte, wie seine Augen durch den Stoff des Kleides hindurch ihren Körper liebkosten. Jetzt, wo Roland nicht dabei war, betrachtete er sie auf dieselbe Art wie die beiden Männer am Flughafen, ohne jede Scheu, seine Begierde zu zeigen, die sich doch nicht befriedigen ließ. ‹Ich bin offenbar Privatbesitz und nicht zur Jagd freigegeben›, dachte Jade.

Bald danach fuhren sie weiter und kamen zu der Fähre, einem alten Dampfer, der knirschend und ölspuckend anlegte. Jade stieg aus dem Wagen, die Blicke aller auf sich ziehend. Der Polizist, der Wache stand, der Fahrkartenverkäufer, der Mechaniker und sämtliche Passagiere beäugten sie, als ob sie noch nie vorher eine Frau gesehen hätten. Ihr von der Reise zerdrücktes Kleid war verschwitzt, es klebte an ihr und verbarg kaum noch etwas von ihren Formen. Die Männer schwirrten um sie herum wie Bienen um eine verlockende, aber fleischfressende Blume, die nur darauf wartete, sie zu verschlingen.

Roland ließ seine Hand unter ihr vom Wind zerzaustes

Haar gleiten, streichelte ihren Rücken und flüsterte ihr ins Ohr:

«Geh nach vorne. Ich bleibe mit Alejandro hier.»

Gehorsam stellte sich Jade an den Bug, hochaufgerichtet und scheinbar abweisend, während sie in Wirklichkeit das brennende Verlangen spürte, einer dieser Männer möge sie packen und einfach nehmen, und bei jedem Windstoß, der ihren Rock bis über das Seidenband ihres Slips hob, wurde dieses Verlangen stärker. Sie preßte die Schenkel zusammen und wand sich leicht hin und her, um ihre flammende Klitoris zu beruhigen, und war sich dabei bewußt, welche Wirkung ihre Hüftbewegungen auf die Geschlechtsteile ihrer Beobachter hatte. Sie stellte sich vor, daß diese Männer jetzt onanierten, die Hände in den Hosentaschen, daß Alejandros Glied den Reißverschluß seiner Hose sprengen und Roland all dieses beobachten und genießen würde. Und eine Idee erregte sie ganz besonders: Sie stellte sich vor, besser gesagt, sie wußte, daß die Begierde, die sie in diesen Männern ausgelöst hatte, die ihres Geliebten noch vervielfachen würde. Bei diesem Gedanken zog sie ihre Schenkel fest zusammen und war nicht länger imstande, den lange hinausgezögerten Orgasmus zurückzuhalten.

3. Kapitel

Die Piste war trocken und staubig, aber im Innern des klimatisierten Jeeps war davon nichts zu spüren. Nach einer Weile hielt Alejandro vor einem schmiedeeisernen Tor, über dessen Rundbogen geschrieben stand: *La Finca Verde*. Er stieg aus und öffnete es.

«Home, sweet home», sagte er, als er sich wieder ans Steuer setzte.

Jade hatte Mühe, die Augen offenzuhalten. Allmählich spürte sie die Wirkung der Zeitverschiebung, aber sie wollte sich nichts entgehen lassen von der Strecke, die sie zu ihrem neuen Heim führen sollte. Kakteen, hohe Farne und Hibiskussträucher säumten die sich endlos hinziehende Allee, die bergauf und bergab verlief und zahllose Kurven um die üppige Bepflanzung beschrieb. Plötzlich bremste Alejandro und wies auf einen mächtigen Leguan, der über die Grünanlagen spazierte.

Weiter vorn am Horizont tauchten die weißen Steine einer Terrasse auf. Eine Frau erhob sich von ihrem Liegestuhl, band sich ihren Pareo um und ging den Ankömmlingen entgegen. Jade blieb fast das Herz stehen beim Anblick dieser wohlgeformten Gestalt und ihrer geschmeidigen Bewegungen. Roland stürzte aus dem Wagen, lief auf die Frau zu und schloß sie liebevoll in die Arme.

«Und nun, Bianca», sagte er, «stelle ich dir Jade vor.»

Bianca warf dem Neuzugang einen forschenden Blick aus ihren großen schwarzen, völlig ausdruckslosen Augen zu und gab ein «Guten Tag» von sich, wobei ihrem undurchdringlichen, ovalen Gesicht keine nennenswerte Regung anzusehen war. Ihr Körper war wohlgerundet, ohne dabei dick zu sein, die üppigen schwarzen Locken trug sie im Nacken zusammengebunden.

Sie gab sich ganz als Hausherrin, führte sie zu einem kleinen, lackierten Holztisch und servierte ihnen zwei Gläser mit *ron pope*, einem dickflüssigen, süßen Getränk. Jade beneidete Bianca um ihr lockeres und selbstsicheres Auftreten und fragte sich, ob sie sich wohl auch so verhalten könnte, wenn Roland ihr eine andere Frau ins Haus brächte. Aber vielleicht täuschte Biancas gleichgültige Miene, vielleicht war sie voller Haß?

Die über das Meer ragende Terrasse lag auf dem Dach des eigentlichen Haupthauses, das an einen Hang gebaut war. Als sie sich über das Geländer beugte, entdeckte sie darunter einen halbmondförmigen Swimmingpool und noch weiter abwärts ein halbes Dutzend spitzer Palmdächer.

«Das sind die Gästezimmer», erläuterte Bianca, die Jades Blick gefolgt war, in einem stark spanisch gefärbten Französisch. «Ich werde Ihnen gleich zeigen, wo Sie untergebracht sind, damit Sie sich ein wenig frischmachen können. Später können Sie sich dann den Rest des Hauses ansehen.»

Hinter Bianca hergehend, sah sie deren Schultern in der Sonne glänzen wie schimmerndes Kupfer und beobachtete, wie sich ihre Hüften unter dem buntgemusterten Pareo sanft wiegten. Sie hatte die stolze Haltung jener Frauen, die auf ihren Köpfen mühelos schwere Wasserkrüge tragen, mit einem kaum wahrnehmbaren, gleichmäßigen Auspendeln des ganzen Körpers, einem inneren Gleichgewicht und einem fast schwerelosen Gleiten der Füße, das Jade unwillkürlich imitierte wie die kleine Ballettratte von ehedem, die die Primaballerina beobachtet und versucht hatte, so wie sie zu werden.

«Das ist Ihre *casita*», sagte Bianca und öffnete die Tür eines kleinen Bungalows. «Hier sind Sie ganz für sich allein. Ich werde Ihnen Otilia schicken, um Ihnen beim Auspacken zu helfen.»

«Das ist nicht nötig», antwortete Jade. Sie wollte in Ruhe jedes einzelne der Kleidungsstücke, die Roland für sie ausgesucht hatte, begutachten. Dicht hinter der Tür standen zwei große Lederkoffer, auf deren Inhalt sie sehr gespannt war, und dieses Vergnügen wollte sie allein und ohne Hast erleben.

«Ist das Zimmer nach Ihrem Geschmack?» erkundigte sich Bianca, ausnehmend höflich, aber doch mit kaum verhohlener Gleichgültigkeit.

Jade gab keine Antwort. Für einen Augenblick wünschte sie sich zurück in ihr altes Zimmer in Paris, mit seiner wurmstichigen Wandtäfelung und dem Chaos von offenen Schubladen, aus denen die Strümpfe und Trikots quollen, von Büchern und Illustrierten, die überall auf dem Boden verstreut lagen, und den Fotos und Postkarten an den Wänden. Ein echtes Jungmädchenzimmer... Ihr jetziges Reich mit den weißverputzten Wänden und den ziegelroten Bodenfliesen war mit massiven Möbeln aus dunklem Holz ausgestattet. Im hinteren Teil führte eine Falttür in einen kleinen Ankleideraum, an den das Badezimmer angrenzte. Bianca demonstrierte die Handhabung der Klimaanlage, öffnete die kleine Zimmerbar und strich ordnend über das große, weiche, mit einer Tagesdecke in guatemaltekischem Muster bezogenen Bett.

«Wohnen Sie auch in einem dieser Bungalows?» fragte Jade.

«Jede von uns hat ihre eigene *casita.*»

«Jede?»

«Hat Ihnen Roland das nicht gesagt? Wir sind zu dritt, beziehungsweise mit Ihnen jetzt zu viert. Die übrigen *casitas* sind für gelegentliche Gäste.»

«Wer sind die anderen Mädchen?»

«Sie werden sie bald kennenlernen. Da ist Olga, die aus Peru kommt, und Berit aus Norwegen. Sie werden keine Schwierigkeiten haben, die beiden auf Anhieb zu erkennen.»

Bianca lachte, und unter ihren dunklen Augen zeigten sich feine, dünne Linien, die sich über ihre Wangenknochen zogen. Zarte Falten, die ihre Schönheit nicht im mindesten beeinträchtigten, sondern ihr Gesicht noch anziehender machten, und in denen man alles Leid und alle Freuden ablesen konnte, die Bianca erlebt hatte.

«Wer von den Mädchen ist zuerst da gewesen?» fragte Jade.

Bianca brach erneut in Lachen aus.

«Aha, Sie wollen wohl wissen, wer die Lieblingsfrau ist?

Keine! Roland gehört keiner von uns, und wir gehören ihm auch nicht. Er ist gewissermaßen der Orchesterleiter, während wir die Musikanten sind. Und welche Symphonie wir daraus machen – das hängt von uns allen ab.»

«Und was ist mit Alejandro?»

«Es gibt ein paar Regeln, die du wissen solltest. Du hast doch nichts dagegen, daß ich dich duze? ... Alejandro kommt aus einem anderen Kulturkreis und seine Anschauungen unterscheiden sich von unseren. Infolgedessen gehört Otilia, seine Verlobte, nur ihm allein. Roland respektiert die Prinzipien anderer, hier kann jeder frei seine Triebe oder seine Hemmungen ausleben. Auch du kannst tun und lassen, was du willst, vorausgesetzt, du tust es mit der nötigen Offenheit. Was Roland nicht akzeptiert sind Lüge und Heuchelei. Außerdem haben wir gar keinen Grund, uns zu verstellen, weil er es liebt, wenn wir uns ohne jede Scham ausleben.»

Sie legte ihren schmalen Arm um Jades Taille und drückte sie. Ihre Augen leuchteten und ihr Mund wirkte noch sinnlicher als zuvor. Jade stellte sich vor, wie Bianca wohl bei der Liebe aussehen mochte, und fand diesen Gedanken einigermaßen verwirrend.

«Du wirst sehen, es wird dir hier gefallen. Ich sehe es deinen Augen und deinem Mund an, daß du gut zu uns paßt.»

Die Sinnlichkeit, die sich in Biancas Zügen spiegelte, war also auch ihrem Gesicht anzusehen? Jade errötete leicht und wich zurück. Sie hatte plötzlich Angst vor Bianca, wie vor einer Doppelgängerin ihrer eigenen Person, deren Verhalten und Reaktion sie noch nicht ganz einzuschätzen wußte.

«Ruh dich ein bißchen aus», sagte Bianca. «Das Abendessen wird um acht serviert. Ich rufe dich eine halbe Stunde vorher an, um dich zu wecken.»

Als sie die Augen öffnete und zur Zimmerdecke sah, fand sie sich nicht sofort zurecht, bis ihr wieder einfiel, daß sie in Costa Rica war. Mit einem Satz sprang sie aus dem Bett und warf einen Blick auf die Standuhr. Es war erst kurz vor vier. Vom Fenster aus sah sie unten den langen weißen Sandstrand und das Meer, in dessen Wellen sich gerade eine Frau tummelte, und plötzlich bekam sie auch Lust, das warme Wasser des Pazifik auf ihrer Haut zu spüren.

Ihren Badeanzug, den Roland für zu bieder gehalten hatte, hatte sie mit ihren anderen Sachen auf dem Flughafen von Paris zurückgelassen. Ersatzweise nahm sie jetzt ein großes Badetuch, band es vor ihre Brust, indem sie zwei Zipfel in ihrem Nacken verknotete, zog dann das Tuch durch ihre Beine nach hinten und wieder nach vorn, wo sie die beiden anderen Zipfel über dem Bauch kreuzte und in der Taille festzurrte. In diesem Aufzug verließ sie das Zimmer und rannte die Böschung hinunter zum Strand.

Das Mädchen im Wasser winkte und schwamm auf sie zu, während Jade im flachen Wasser stand, um sich erst die Beine naßzumachen. Inzwischen war das Mädchen näher herangekommen und lachte so laut, daß sie sich beim Schwimmen verschluckte und nach Luft schnappen mußte.

«Was ist das denn für ein Kostüm? Das ist wahrhaftig der reizloseste Badeanzug, den ich je gesehen habe!» spottete sie mit einer rauchigen dunklen Stimme, hob sich aus dem Wasser und zeigte ihren nackten, streifenlos gebräunten Körper.

Am Akzent und an der Hautfarbe erkannte Jade, daß es sich um Olga handeln mußte. In ihrem Gesicht stand der Ausdruck reinster Lebensfreude, ihre mandelförmigen Augen funkelten vor Vergnügen über einer stumpfen, flachen Nase und einem großen, vollen Mund. Aus ihren dunklen Haaren lief das Wasser über die üppigen Brüste, sie hatte eine schmale Taille und einen fast flachen Bauch, aber ihre Hüften, die Hinterbacken und die Schenkel waren wohlgerundet.

Sie nahm Jade in den Arm, drückte sie an ihren nassen Körper und sagte:

«Ich wette, daß du etwas Schönes verbirgst unter diesem Aufzug, und ich glaube, wir werden viel Spaß miteinander haben. Wir wollen gleich mal damit anfangen, daß du mir dein Handtuch gibst. Und zwar auf der Stelle.»

Damit machte sie sich bereits an dem Knoten über Jades Taille zu schaffen. Jade wehrte sich heftig, und schließlich landeten beide im Sand. Olga nutzte das Handgemenge, um auch den oberen Handtuchknoten zu lösen und Jades Brüste aus ihrer Hülle zu befreien.

«Die sind aber schön!» rief Olga begeistert. «Laß mich mal anfassen. Warte, steh auf! Wir machen einen Brustvergleich!»

Sie legte ihre Hände unter ihre beiden gewaltigen Hügel, hob sie hoch und kitzelte die Spitzen, bis sie einen guten Zentimeter länger waren.

«Meine kann man ausziehen wie ein Teleskop. Und was ist mit deinen?»

Während Jade fröhlich vorführte, wie sich ihre eigenen kleinen dunklen Brustwarzen hervorlocken ließen, gelang es Olga, ihr den Rest des Badetuchs zu entreißen.

«Du rasierst dich ja!» rief sie. «Laß mich mal anfassen. Diesmal muß es sein, ich hab noch nie eine Frau berührt, die da unten keine Haare hat.»

Jade wich einen Schritt zurück und bedeckte ihre nackte Scham mit den Händen, aber Olga stürzte sich auf sie und begann sie zu kitzeln. Jade krümmte sich, bis sie das Gleichgewicht verlor und Olga mitriß, als sie hinfiel. Während sie über den Sand rollten, fühlte Jade Olgas feste Brüste auf ihrem Körper, ihre Begierde erwachte und ihre Hand streifte wie zufällig über Olgas dichtbehaarten Venushügel.

Olga verdrehte die Augen, warf den Kopf in den Nacken und legte ihre Hand auf Jades Bauch. Ihre Finger wanderten bereits nach unten zu der jungfräulich glatten Wölbung, als sie plötzlich innehielt und mit einem Satz aufstand.

«Nein, das darf ich nicht», gestand sie, «wir haben strenge Anweisung, bis heute abend zu warten. Ich werde dich nur ein bißchen mit dem Mund streicheln.»

Mit überraschender Gewandtheit bückte sie sich und drückte ihr Gesicht zwischen Jades Schenkel.

«Das kratzt ja!» sagte sie, scheinbar vorwurfsvoll.

Jetzt fiel Jade wieder ein, daß sie sich seit ihrem letzten Auftritt in Paris nicht mehr rasiert hatte. Die Schamhaare, die sie als äußere Zeichen des Erwachsenseins, des Frauseins, nie akzeptiert hatte, wuchsen wieder nach, und das machte sie verlegen.

Olga rieb ihre Lippen an Jades rauhen Schamlippen und erklärte: «Das ist ja noch schöner als ein Männerbart nach einer Liebesnacht. Schau mal, wie mich das aufregt... Ich hätte große Lust, Roland nicht zu gehorchen, und alles aus dieser kleinen, haarlosen Katze herauszukitzeln.»

Jade spürte, wie sich Olgas Zunge zwischen ihre Schamlippen schob und ihre vor Erregung bereits schwellende Klitoris befeuchtete. Zitternd vor Verlangen, wölbte sie das Becken vor, um sich der Liebkosung besser hinzugeben, und warf den Kopf nach hinten. Dabei entdeckte sie eine hohe, schlanke Gestalt, die die Dünen hinablief.

Olga richtete sich wieder auf, um den Neuankömmling zu begrüßen. «Das ist Berit», sagte sie zu Jade, die dieser Erklärung eigentlich nicht mehr bedurfte.

Im Vergleich zu Olga wirkte Berits langer, nackter, von der Sonne golden getönter Körper fast weiß. Ihre Gliedmaßen waren so zart und schmal, daß sie etwas Unwirkliches hatten, und das kurzgeschnittene blonde Haar betonte ihr kleines, dreieckförmiges Gesicht mit den weit auseinanderstehenden tiefblauen Augen, deren Lider sich seltsam nach unten zogen.

Sie gab Jade einen keuschen Kuß auf den Nasenflügel und

streckte sich neben ihr auf dem Sand aus. Jade betrachtete die hellen, fast durchscheinenden Kräusellocken ihres Schamhaars, ihre kleinen, harten, hoch angesetzten Brüste, die spitz in den Himmel ragten, und den Bauch, der so flach war, daß es fast aussah, als habe sie eine Höhle zwischen den Beckenknochen. Berits Schönheit hatte nichts Weibliches, sondern etwas Elfenhaftes. Sie sah aus wie der selbsterschaffene Traum eines romantischen Frankenstein, und Jade fühlte das starke Bedürfnis, diese seltsam unstoffliche Hülle zu berühren, von der das Fleisch und die Knochen dieses Mädchens umgeben waren. Vergeblich versuchte sie sich diese erhabenen Formen in einem Ausdruck von körperlicher Leidenschaft vorzustellen.

Eine kleine Flasche in der Hand, beugte sich Olga über Berit.

«Das ist Mandelöl», sagte sie erklärend zu Jade, während sie begann, Berits Beine mit langen, sehr langsamen Bewegungen einzureiben. Danach ölte sie den Bauch ein, die Brüste und die Schultern. Berit rührte sich nicht, aber Jade hatte den Eindruck, als ob ein leiser, wohliger Schauer ihren ölglänzenden Körper erzittern ließ.

«Diese schreckliche Jade hat mich gequält», sagte Olga im Plauderton, während ihre weichen, vollen Hände Berits kleine, spitze Brüste massierten. «Sie ist einfach an den Strand gekommen und hat mir ihr rasiertes kleines Ding gezeigt. Ich habe einfach nicht widerstehen können. Ein Glück, daß du gekommen bist! Ich bin so außer mir, daß ich dich jetzt wirklich sehr brauche.»

Sie schüttete ein paar Tropfen Mandelöl auf Berits Brustwarzen und umkreiste sie mit dem Zeigefinger, bis sie sich aufrichteten.

«Nicht wahr, meine kleine Antilope», flüsterte sie, gerade so laut, daß Jade sie noch verstehen konnte, «du willst doch auch gern ein bißchen mit mir spielen, ja?»

Stumm und fast verächtlich, als ob sie aus purer Langeweile

den Gefühlen einer ergebenen Sklavin nachgeben wollte, spreizte Berit ihre Schenkel.

«Da ist doch noch ein anderes Knöpfchen, das man gut einölen muß», sagte Olga und legte ihre Hand auf Berits Scham. «Komm, schau mal», fügte sie, zu Jade gewandt, hinzu.

Sie schob die langen, zarten Schamlippen der Norwegerin auseinander und zeigte Jade das blasse Innere von Berits Geschlecht.

«Da ist er doch, der kleine Schalter, den wir gut einschmieren müssen», sagte Olga und goß die restliche Flüssigkeit auf der offen dargebotenen Vulva aus. Dann wanderten ihre Finger über Berits Schamlippen und kitzelten die steife Klitoris. Jade schaute zu und meinte, die rosige Schleimhaut zucken zu sehen, während sie selbst zwischen ihren Beinen ein Pochen spürte und große Lust hatte, sich zu streicheln. Aber sie wagte es nicht, sondern sah Olga zu, wie sie sich auf Berits langgliedrigem Körper ausstreckte. Nur ein schwaches Zittern in den Schenkeln verriet Berits Erregung, während sich die Peruanerin auf dem öligen Leib wälzte, ihn knetete und biß und liebte.

Allmählich verlor Berit doch ihre Zurückhaltung, ihr Becken hob sich, ihre Fingernägel krallten sich in Olgas Brüste und ihr langer, schmaler Hals beugte sich nach hinten.

«Ich bin dein Mann, dein Geliebter», flüsterte Olga in ihr Ohr. «Ist er groß genug für dich, ja? Fühlst du ihn, wie er in dir wühlt?»

Sie schob die Flasche, in der das Mandelöl gewesen war, in Berits Scheide und stieß sie auf und ab, im Rhythmus des Liebesakts. Stöhnend spannte Berit ihre Muskeln an, bis der Orgasmus sie davontrug.

«Mehr, mehr», keuchte sie und umklammerte Olgas Hinterbacken. «Mach es mir mit deinem Knie.»

Berits schlanker Arm glitt unter Olgas Körper durch zwischen deren Beine. Ihre Hand traf auf eine weitgeöffnete, nasse Vulva. Sie streckte ihren Daumen hinein und versuchte, die ganze Faust nachzuschieben. Olga schrie auf vor Schmerz, ohne sich der brutalen Liebkosung ihrer Freundin zu entziehen. Sie drückte ihr Knie so fest gegen Berits Vagina, als ob sie es ganz hineinschieben wollte, und auf diese Weise rieben sich ihre Körper aneinander, bis beide zur gleichen Zeit von einem heftigen Orgasmus geschüttelt wurden und schließlich erschöpft und befriedigt niedersanken.

4. Kapitel

Schon um 18 Uhr ging die Sonne unter. Im Gegenlicht sah man die Silhouetten zweier Pelikane. Sie hatten sich auf einem der Felsen niedergelassen, die jetzt mit der Ebbe aus dem Wasser auftauchten. Überall im Sand regte sich geschäftiges Leben. Tausende von Muschelschalen, die Jade leer geglaubt hatte, begannen sich zu bewegen und wie schwerelos über den Boden zu huschen, wobei sich ihre Gehäuse berührten und ein durch die Menge vervielfachtes Geräusch verursachten, das sich anhörte wie das Prasseln von Regen auf einem Dach.

Jade fühlte sich seltsam bewegt von diesem Tanz der Einsiedlerkrebse im Licht der untergehenden Sonne. Das Erwachen der tagsüber ruhenden Natur war für sie wie ein Spiegel dessen, was sich in ihrem Innern abspielte. Die Verwirrung, die sie angesichts von Olgas und Berits wilden Spielen empfunden hatte, war aus den Urtiefen ihrer Seele gekommen, wie das intensive Erwachen längst vergangener, urtümlicher Gefühle.

Sie ging die Düne hinauf, zurück zu ihrer *casita*. Als sie deren Tür öffnete, war die Sonne bereits hinter dem Horizont verschwunden. Jade hatte große Lust, sich im Dämmerlicht ihres Zimmers aufs Bett zu legen und sich zu lieben, aber sie mußte an Olgas Worte denken: «Strengste Anweisung, bis zum Abend zu warten ...» Was hatte Roland mit ihr vor? Sie hatte nur den Wunsch, sich ihm anzubieten, sich hinzugeben, ganz erschöpft vor Verlangen, willenlos und nur bestrebt, ihm zu gefallen.

Sie öffnete die Koffer, um zu schauen, welche Kleidungsstücke er für sie ausgesucht hatte. Ein Schwindel erfaßte sie, als sie die zarten, luftigen Stoffe sah, die gedämpften Farben und die gewagten Formen. ‹Das Aschenbrödel geht zum Ball›, dachte sie, ‹wann wird es wohl zurückmüssen zu seinen Lumpen und seinem Herd?›

Es klopfte an die Tür, und ein junges Mädchen trat ein. Sie trug ein rotes, in der Taille eng anliegendes Kleid mit Puffärmeln, das ihr zu klein war und in dem sie aussah wie Alice im Wunderland. Mit einer anmutigen Kopfbewegung warf sie die langen dunklen Haarsträhnen zurück, die sich aus dem blauen Band hervorgekringelt hatten. Sie ging auf nackten und sehr wohlgeformten Füßen, die offensichtlich nur selten mit Schuhen in Berührung kamen, denn zwischen ihren winzigen Zehen steckte ein Grashalm und die Fußnägel waren voller Sand und Staub. Jade empfand das als sehr störend im Vergleich zu dem übrigen einnehmenden Äußeren und überlegte, ob sie ihr nicht empfehlen solle, sich die Füße zu waschen.

«Ich bin Otilia», sprach das Mädchen in gebrochenem Englisch. «Der Herr hat gesagt, daß Sie heute das weiße Kleid tragen werden.»

Damit verschwand sie wieder. Jade sah ihr nach, wie sie eilig durch die Allee huschte, die zur Villa hinaufführte. Nun gut, dann also das weiße Kleid...

Sie nahm ein ausgedehntes Bad und frottierte gründlich ihre Haut. Sie wollte perfekt aussehen. Dann roch sie an dem Parfum, das sie ebenfalls in ihrem Gepäck gefunden hatte, und sprühte es auf ihre Brüste und zwischen die Beine. Es war ein Duft, den sie noch nie gerochen hatte und der sie an die eingelegten Veilchen erinnerte, die ihr Mylène einst von einem Besuch bei einem Liebhaber in Toulouse mitgebracht hatte. Veilchen und ein Geliebter... Das erinnerte sie an frühere Zeiten, und daran, wie sich die Schönen von damals für ein galantes Abenteuer herrichteten. Odette de Crécy beispielsweise oder Liane de Pougy, mit ihren neckischen Strumpfbändern, den Schnürkorsetts und den trügerisch üppigen Dekolletés. Am liebsten hätte sich Jade auch in alte Spitzen und aus der Mode gekommene Schnürstiefelchen gehüllt, statt dessen gehorchte sie ihrem anspruchsvollen Geliebten und stieg in das weiße Kleid, eine Art bodenlanger Tunika aus Satin, die ihre Formen verhüllte, aber bei jeder Bewegung ihres Körpers die Haut kühl und samtweich umschmeichelte.

Sie war einigermaßen erstaunt, daß Roland für ihren ersten Abend auf der *Finca Verde* ein so braves Kleid ausgesucht hatte, aber dann fiel ihr wieder die Bemerkung ein, die er auf dem Flughafen gemacht hatte: Es gibt Dinge, die man nur trägt, um sie sich ausziehen zu lassen... Sie beschloß also, ihre sittsame Aufmachung mit etwas Unterwäsche zu ergänzen und entschied sich für eine Garnitur aus englischer Spitze, die genau ihrer momentanen Stimmung entsprach. Sie mochte den Kontrast zwischen dem jungfräulichen Aussehen des Materials und der gewagten Verarbeitung. Der Büstenhalter war so weit ausgeschnitten, daß gerade der rosige Kranz um ihre Brustwarzen hervorguckte, und der dazu passende Slip umspielte locker ihre Hüften und erlaubte den freien Zugang zu ihrem Geschlecht. So ausstaffiert, ging sie ein wenig vor dem großen Spiegel gegenüber ihrem Bett auf und ab und bewunderte ihre Formen. Die Versuchung, sich zu befriedigen, wuchs ins Unerträgliche, die Hand unter den weißen Stoff zu schieben, die glühend heiße Vulva zu reiben und den zuckenden Knopf aus seinem Nest hervorbrechen zu lassen... Sie war schon im Begriff, der Versuchung nachzugeben, als das Telefon klingelte.

«Wir warten auf dich», meldete sich Bianca. «Bist du soweit?»

«Ja», log Jade.

«Dann komm sofort.»

Jade streifte ihr Kleid wieder über, schlüpfte in die kleinen Pumps aus passendem Satin und machte sich auf den Weg. Das enge Kleid behinderte sie beim Gehen, und sie kam nur mit kleinen Schritten vorwärts.

Aus dem Haus tönte die Melodie eines Tangos von Astor Piazzola. Jade folgte den Klängen der Musik, ging am Pool entlang, stieg dann eine Treppe hinunter und landete schließlich in einem riesigen Raum, halb Wohnzimmer, halb Garten, in dem echte Bäume standen. Ihre neuen Lebensgefährten erwarteten sie, hingelagert auf langen schwarzen Sofas, deren Ledergeruch das ganze Zimmer erfüllte.

Roland erhob sich, als sie eintrat. Er trug einen weißen Anzug und ein strohgelbes Hemd mit offenem Kragen. Jade war von neuem beeindruckt von seiner Schönheit. Er strahlte Kraft und eine heitere Gelassenheit aus, als sei er ihrer Person und ihrer Liebe ganz sicher.

Für einige Sekunden existierte nur er allein für Jade. Sie schloß die Augen, um den keuschen Kuß zu empfangen, den er auf ihre Stirn drückte. ‹Mein Vater›, dachte sie, ‹er ist der wiedergefundene Vater...›

Dann nahmen die anderen Figuren Gestalt an, und Jade war ganz überwältigt. Bianca war im Stil des Empire gekleidet und frisiert, wie die Madame Récamier des Malers David, ihr rotes Seidenkleid ließ Brust und Schultern frei. Olga sah aus wie ein Rubens-Gemälde, um ihre üppigen Formen floß ein schillernder Stoff, der in der Taille von einem goldenen Band zusammengehalten wurde. Berit steckte in einer Art engem Futteral, dessen Farbe und Gewebe sie wie nackt erscheinen ließ. Statt der Schuhe trug sie goldene Knöchelreifen. Sogar die kleine Otilia, die in goldziselierten alten Gläsern Getränke servierte, hatte sich umgezogen und sich in eine Art Kammerkätzchen verwandelt, mit schwarzem Rock, weißer Spitzenschürze und flachen Sandaletten. Zufrieden stellte Jade fest, daß ihre Fußnägel inzwischen tadellos sauber waren, und damit nichts die perfekte Harmonie dieses Abends störte.

Der Tisch war für fünf Personen gedeckt, auf einer Platte aus vulkanischer Lava, die auf drei Kugeln aus grauem Gestein ruhte. Rundum wucherte eine üppige Vegetation aus Farnen, Kakteen in menschenähnlichen Formen und Orchideen, die sich hinaufrankten bis in die gläserne Deckenkuppel. Überall unter den Blumenstauden und in den Asthöhlen der Bäume standen präkolumbianische Statuetten, Frösche mit phallusförmigen Zungen, Götterfiguren mit erigierten Geschlechtsteilen, und auf einer halbhohen Säule thronte das «Baby-Gesicht», der für die olmekische Kultur typische Jaguarkopf aus Jade.

Roland ließ Bianca zur Rechten und Jade zu seiner Linken Platz nehmen. Während des Essens erklärte er Jade die Kunstgegenstände, die überall im Raum verteilt waren. Die meisten der Statuetten hatte er illegal aus Mexiko oder Guatemala über die Grenze geschafft. Sie waren so schön, entschuldigte er sich, wie hätte ich da widerstehen können? Die steinernen Kugeln, auf denen die Tischplatte ruhte, hatte er im Süden von Costa Rica, auf der Halbinsel Osa, aufgetrieben. Ihre vollkommenen Formen waren Ausdruck der okkulten Riten einer längst vergangenen Kultur.

Auf dem Stuhl neben Jade saß Olga, die sich den einzelnen Gängen des Essens mit genießerischem Behagen widmete. Der schimmernde und durchscheinende Stoff ihres Kleides verbarg nichts von den dunklen Rundungen ihrer Brüste, die sich bei jedem ihrer genüßlichen Seufzer hoben und den hauchzarten Schleier immer weiter öffneten.

«Ich esse schrecklich gern», vertraute sie Jade an. «Dieses Stück Filet kommt von einer Rinderfarm aus der Nachbarschaft. Findest du nicht auch, daß es zart und saftig ist, wie man es sich besser gar nicht wünschen kann?»

Sie nahm sich zweimal von der Caramelspeise, die Jade unberührt auf ihrem Teller liegengelassen hatte. Sie war zu satt, außerdem konnte sie trotz der ausgezeichneten Qualität des Essens nur noch an ihr sexuelles Verlangen denken, das immer stärker wurde. Roland hatte von Zeit zu Zeit die Hand auf ihren Schenkel gelegt, und sie hatte die Wärme seiner Haut durch den kühlen Satin gefühlt. Berit, die ihr gegenüber am Tisch saß, hatte die Speisen kaum angerührt. In dem seltsamen Blau ihrer Augen spiegelte sich das Lampenlicht und bei jeder ihrer Bewegungen zeichneten sich unter dem weichen Stoff ihres Kleides die Umrisse ihres Körpers ab. Jade träumte davon, in Berits Fleisch einzutauchen, in die geheimnisvolle Höhle einzudringen, in der sich die Sinne dieses unergründlichen, androgynen Wesens verbargen, und sie auf den Gipfel der Lust zu führen. Sie stellte sich vor, daß der Orgasmus Berits rätselhaftes Gesicht verzerrte, wie sie es bereits am Strand gesehen hatte.

Während Otilia abräumte und alle auf den Ledersofas Platz nahmen, wandte sich Roland an die Runde und sprach:

«Heute abend wollen wir uns alle mit Jade vermählen. Sie wird sich nacheinander jedem von uns hingeben und muß jedesmal zum Höhepunkt kommen. Bisher ist sie noch von keiner Frau genommen worden, und deshalb biete ich sie jetzt euch dreien an – Bianca, Berit und Olga. Wer sie zuerst bekommt, wird sie am wenigsten lange haben. Ich werde zuletzt an der Reihe sein.»

Jade hatte züchtig die Lider gesenkt, während Wellen von Lust durch ihren Körper liefen. Das sittsame Kleid erhöhte ihre Erregung, aber sie wünschte sich mehr denn je, daß man es ihr vom Leibe reißen möge. Sie wollte nackt sein und genommen werden, heftig, brutal, von allen, wenn nötig auch unter den Augen Otilias...

«Ich werde anfangen», verkündete Berit mit einer Gelassenheit, die beleidigend war. «Ich will sie so angezogen, wie sie ist, rein und unschuldig in ihrem Hochzeitskleid.»

Sie nahm einen ihrer goldenen Armreifen ab, setzte sich auf den Teppich und legte den Schmuck um Jades Knöchel. Jade erschauerte unter der Berührung der langen, schmalen Finger, die nun an ihrem Bein hochwanderten. Die Hand hob ihren Slip ein wenig an, befühlte ihre Scham und streifte nur ganz leicht über deren Lippen. Der Gedanke, komplett angezogen hier zu stehen und mit gespreizten Beinen vor aller Augen nach Berits Liebkosungen zu verlangen, war so erregend, daß Jades steife Klitoris fast explodierte.

«Du bist viel zu erregt», meinte Berit leicht verstimmt. «Wenn ich dich jetzt streichle, kommst du auf der Stelle, und dann hab ich dich entjungfert wie ein ungeschickter Ehemann in der Hochzeitsnacht.»

Sie fuhr mit drei Fingern in Jades Scheide, bewegte sie ohne besonderes Feingefühl und wühlte sich tief in das Innere der Höhle, ohne allerdings die äußeren Schamlippen zu berühren, die steif und geschwollen waren und in denen das Blut pochte. Jade versuchte, den Rücken vorzubiegen, um sich an Berits Handgelenk zu reiben, aber Berit hielt sie fest und hinderte sie daran. Doch Jade hatte bald eine andere Möglichkeit entdeckt. Sie bemerkte, daß ihre Klitoris sich höchst angenehm an dem Spitzenslip rieb, wenn sie das Becken bewegte. Während sich Berits Finger in ihre Scheide bohrten wie das Glied eines egoistischen Liebhabers, rieb sie sich immer schneller an ihrem Slip, bis sie endlich kam.

«Ich überlasse sie euch», sagte Berit bedauernd.

«Jetzt bin ich dran», erklärte Olga. «Ihr Kleid hat jetzt ausgedient.»

Sie bat Jade, sich wieder aufzurichten und riß ihr die Tunika mit einem Ruck vom Leib. Dann flatterten ihre Hände über Jades Haut wie Kolibris um einen blühenden Busch, schlüpften unter die Wäschestücke und tasteten nach den lustempfindlichen Stellen. Jade klammerte sich an Olgas Körper und legte eine ihrer Brüste frei, um das stimulierende Gefühl wiederzufinden, das sie bei der Zwischenlandung in Kuba zum erstenmal erlebt hatte. Aber Olga stieß sie zurück, schob sie auf eines der Ledersofas, um sich zwischen Jades Knie zu kauern, den weißen Slip beiseite zu schieben und die glatten, unbehaarten Schamlippen zu zeigen.

«Schaut nur, wie schön sie sind!» sagte sie. «So zart, so rosig! Und die kleinen, da drin, sind ganz glatt und glänzend. Sieh mal an, der kleine Knopf ist schon wieder steif, aber er ist ja ganz trocken...»

Jade fühlte fast ihre Sinne schwinden, als sich Olgas Mund auf ihre Vulva legte. Diese Berührung erregte sie mehr als alles andere, und als Olgas Zunge an ihr zu saugen und ihre Zähne sie zart zu beißen begannen, war sie ihr vollständig ausgeliefert und gab sich mit geschlossenen Augen ganz hin.

«Öffne deine Augen!» befahl Roland.

Sie gehorchte und sah erst jetzt, daß er direkt vor ihr saß, Bianca und Berit an seiner Seite, und daß sich alle drei gegenseitig liebkosten, während sie ihr und Olga zuschauten. In ihrer Phantasie wurde Olgas Speichel eins mit dem Sperma im steifen Penis ihres Geliebten, und dieser Gedanke ließ sie sofort explodieren, in einem Orgasmus, der eigentlich Roland gehörte.

Sie war völlig erschöpft. ‹Jetzt ist alles vorbei›, dachte sie, ‹ich werde nicht noch einmal kommen können.› Doch inzwischen näherte sich bereits Bianca, während Olga deren Platz neben Roland einnahm.

«Du kleine Hure», sagte sie, «glaubst du, du kannst uns hinters Licht führen mit deiner Spitzenunterwäsche? Zieh dich gefälligst aus und zeig dich, wie du wirklich bist. Eine läufige Hündin bist du, ganz verrückt darauf, jeden scharf zu machen!»

Jade war ganz überrascht von diesem rüden Ton, der merkwürdigerweise erneut dieses schon tot geglaubte Prickeln in ihr wachrief. Bianca hatte ganz recht – es gefiel ihr, sich zur Schau zu stellen. Sie befreite sich von Slip und Büstenhalter und genoß es, sich vor allen ganz nackt zu zeigen.

«Los, beweg dich!» befahl Bianca. «Geh einmal rund um das Zimmer und dann stell dich auf den Tisch und mach die Beine breit, damit dich alle genau sehen können.»

Obwohl sie sich genierte, wagte sie nicht zu widersprechen. Schließlich stellte sie sich auf den Tisch, preßte aber ihre Schenkel fest zusammen.

«Tu, was sie sagt!» befahl Roland in zornigem Ton.

Mit Tränen in den Augen gehorchte sie und stellte ihr Geschlecht zur Schau. Inzwischen hatte Bianca eine schwarze Samtschatulle geöffnet und entnahm ihr einen länglichen Gegenstand aus durchscheinendem Material.

«Ich werde dich jetzt bestrafen», sagte sie, mit einem Hauch von grausamer Zärtlichkeit in der Stimme.

Behutsam ölte sie Jades Scheide ein, dann das phallusförmige Ding, das sie in der Hand hielt, und bohrte es Jade in den Leib. Augenblicklich vergaß Jade ihre Verwirrung, als sie den harten und steifen Ersatz-Penis in sich spürte. Willig gab sie sich den Freuden hin, die ihr der Simulaker bescherte, bis sie plötzlich spürte, wie Bianca ihren gut geölten Zeigefinger zwischen ihre Hinterbacken in eine andere, bisher jungfräuliche Öffnung bohrte. Das tat weh, und sie schrie auf, aber allmählich verebbte der Schmerz und wich dem lustvollen Gefühl, von vorn und hinten, ganz und gar aufgespießt zu werden und eine Gefangene zu sein zwischen den Stößen des Simulakers und des Fingers von Bianca.

Ihr dritter Orgasmus war noch heftiger als die beiden voraufgegangenen. Sie sank auf den Boden, erschöpft, aber nicht völlig niedergestreckt. Jetzt wollte sie zu Roland gehen und sich ihm anbieten, nicht aus einem Bedürfnis nach Befriedigung, sondern weil sie ihn mehr als alles andere begehrte.

Er hatte bereits begonnen, sie zärtlich zu streicheln. Sein Glied glänzte vor Öl und streckte sich ihr entgegen. Er änderte ihre Position, bis sie auf allen vieren hockte, und zwängte seinen Schwanz in die enge Öffnung, die Biancas Finger geebnet hatte. Der Schmerz war fast unerträglich, bis Roland seine Hand unter ihr her schob und ihre noch immer öltriefende Katze sanft zu streicheln begann. Von neuem erwachte die Lust und dämpfte den Schmerz.

«Du tust mir so gut», stammelte sie.

Sie spürte, wie sich der Penis, heftig zuckend, in ihr ergoß und kam zur gleichen Zeit.

«Heute nacht schläfst du bei mir», flüsterte Roland in ihr Ohr.

5. Kapitel

«Laß mich lernen, wie ich es machen soll», sagte Jade leise zu dem Geliebten an ihrer Seite.

«Einen Mann zu liebkosen läßt sich nicht lernen. Es genügt völlig, zu fühlen und sich gehenzulassen.»

Jade gehorchte. Es war das erste Mal, daß sie das Glied eines

Mannes anfaßte. Sie fuhr leicht über die Narbe, die das Beschneiden der Vorhaut hinterlassen hatte, schob die Haut am Schaft des Glieds auf und ab und massierte den behaarten Hodensack. Trotz ihrer noch ungeschickten Finger wurde der Penis härter und streckte sich. Sie küßte ihn auf die Spitze, fuhr mit der Zunge über die Öffnung der Eichel, faßte sie dann mit den Lippen und begann daran zu saugen. Sie mußte an die Kubanerin und an deren dicke, steife Brustwarze denken, aber das hier war viel härter, glatter und fest wie Gummi, aber es schmeckte mindestens ebenso gut. Um zu probieren, wie das übrige schmeckte, ließ sie ihre Zunge von oben nach unten wandern, und an Rolands Gesichtsausdruck war zu erkennen, daß sie keine schlechte Schülerin war.

«Und nun stell dir einmal vor, du hättest eine große Lutschstange im Mund...» meldete sich Roland mit leicht keuchender Stimme.

Jade umschloß den Penis fest mit ihren Lippen, schob ihn bis zur Hälfte in den Mund und wieder zurück. Sie war ganz darauf konzentriert, sich jede einzelne Erhebung auf der Haut des Penis einzuprägen, um ihn immer wiederzuerkennen.

«Nimm ihn ganz in den Mund», stammelte Roland.

Jade macht einen Versuch und mußte würgen.

«Ich schaff es nicht. Er ist zu dick.»

«Du mußt den Nacken gerade halten und dich entspannen, als ob du irgend etwas schlucken wolltest.»

Diesmal gelang es. Rolands Glied drang in ihre Gurgel, kam wieder heraus und drang erneut ein. Nach einigem Hin und Her wurde der Penis noch ein Stück größer, gab ein paar heftige Zuckungen von sich und ergoß seinen Samen. Jade schluckte ihn hinunter und stellte fest, daß sie den Geschmack mochte.

«Das mußt du jetzt auch mit anderen Männern machen», sagte Roland. «Du mußt lernen, wie sie es am liebsten haben.

Manche mögen schnelle Bewegungen und wollen, daß man ihn kräftig drückt, anderen ist es lieber, wenn es langsam geht und man ihn nur ganz leicht berührt. Du brauchst nur in ihr Gesicht zu gucken, um zu erkennen, was ihnen am besten gefällt. Eine gute Geliebte hat nichts mit einer guten Technikerin zu tun. Sie braucht Intuition, um sich den Wünschen jedes einzelnen Mannes anzupassen. Und du scheinst mir in dieser Hinsicht sehr begabt zu sein. Was mich bloß wundert, ist, daß du in deinem Alter noch so wenig Erfahrung hast.»

«Bevor ich Ihnen begegnet bin, habe ich alle Männer gehaßt. Ihre vielsagenden Blicke, ihre vorwitzigen Hände... Ich habe sämtliche Liebhaber meiner Mutter verabscheut. Einer von ihnen hat mich entjungfert, als ich fünfzehn war. Sie sind der erste, dem ich davon erzähle. Ich habe nie darüber gesprochen, weil es für mich bedeutet hätte, diese Sache, die ich vergessen wollte, zu einer Realität zu machen. Ich habe nur immer an meinen verschollenen Vater gedacht, und ich hätte mir gewünscht daß Mylène Trauerkleidung trägt und ihn bis in alle Ewigkeiten beweint.»

«Und was hat sich geänderrt, als wir uns begegnet sind?»

«In meinem Innersten wurden plötzlich Gefühle wach, denen ich nicht widerstehen konnte. Ich habe mich Ihnen zwar zunächst verweigert und dabei dieselben Worte gebraucht wie sonst auch, aber diesmal glaubte ich selbst nicht mehr daran. Und als wir uns zum erstenmal liebten, habe ich eine Lust empfunden, wie ich sie mir nie hatte träumen lassen, die aber doch wohl ein Teil von mir gewesen sein muß. Es war, als hätte ich in meinem Innern ein Geheimfach geöffnet und darin etwas sehr Schönes und Rätselhaftes entdeckt... Sie sind der erste Mann, der mich zum Höhepunkt gebracht hat.»

«Und nun? Bist du jetzt bereit für andere Männer?»

«Ich weiß nicht. Ich muß es einmal versuchen.»

«Mir geht es ähnlich, Jade. Allmählich bekommst du für

mich einen Stellenwert, den bisher sehr wenige Frauen hatten. Ich begehre dich, und ich liebe dich in aller Freiheit, trotzdem habe ich auch den Wunsch, einen Teil von dir zu besitzen. Du mußt mir etwas versprechen: Solange du auf der *Finca Verde* lebst, sollst du dich keinem Mann hingeben, ohne es mir zu sagen.»

«Ich werde Ihnen alles sagen, denn ich gehöre Ihnen. Meine Freude und meine Lust hängen ganz von Ihnen ab. Sehen Sie nur, wie ich Sie begehre. Sie können mich nehmen, wann und wie es Ihnen beliebt. In jeder Position, und wenn sie noch so entwürdigend sein sollte. Sie können mich verschenken, an wen Sie wollen. Ich möchte Ihre Sklavin sein.»

«Würdest du dich mit verbundenen Augen hingeben?»

«Ja, solange ich Ihre Stimme höre und Sie mich darum bitten.»

«Würdest du dich fesseln und von allen Männern des Dorfs nehmen lassen?»

«Ja, wenn Sie es wünschen.»

«Gut, dann bist du jetzt an der Reihe», meinte Roland. «Nenn mir deine Wünsche, sag mir, was ich mit dir machen soll.»

Jade war auf die neue Situation nicht vorbereitet und stammelte verschüchtert:

«Es wäre mir lieber, wenn Sie raten würden. Meine Wünsche sind Ihre Wünsche.»

«Mein Wunsch ist, daß du mir Befehle gibst.»

«Ich möchte, daß Sie in mich eindringen», sagte Jade leise.

«Wo? Und wie?»

«In meine Scheide, aber von hinten. Als ob Sie mich mit Gewalt nehmen würden.»

Roland drehte sie auf die Seite und drang ein. Sie war so erregt, daß sich ihre Vaginalmuskeln zusammenzogen.

«Willst du es langsam oder schnell?» fragte er.

«Ganz, ganz langsam», keuchte sie, «und streicheln Sie meine Brüste.»

«Ist es so gut?»

«Ja.»

«Sag mir, was du fühlst.»

«Ihr Glied ist so hart, ich fühl es ganz tief... Das ist viel besser als mein Finger, besser als mit der Zunge. So, mit Ihrem Glied, ist es am schönsten.»

«Ich werde erst kommen, wenn du es willst. Sag mir, wenn du soweit bist.»

Jade war wie berauscht von dieser unerwarteten Ergebenheit, und sie fühlte, daß sie immer kühner wurde.

«Mach es schneller jetzt», sagte sie. «Drück deinen Bauch fest an meinen Hintern, damit du ganz tief reinkommst.»

«Magst du das? Ist es gut so?»

«Ja, sehr gut... ich komme gleich...»

Als sie wieder zu sich kam und sich zärtlich in Rolands Arme schmiegte, wurde ihr bewußt, welche Macht die Worte hatten. Man erlebt die Dinge intensiver, wenn man mit Worten danach verlangt.

«Du bist so schön bei der Liebe», sagte Roland und streichelte sanft ihre Brüste. «Wenn du kommst, sieht dein Körper aus wie ein lebendes Kunstwerk, und ich würde diesen Moment gern festhalten. Erlaubst du, daß ich dich dabei filme?»

«Wie immer Sie wünschen», antwortete Jade errötend. «Sie wissen doch, daß ich Ihnen gehöre und daß ich alles tue, was Ihnen gefällt.»

«Aber wenn ich den Film erst mal habe, wird es zu spät sein, deine Meinung zu ändern. Ich kann ihn dann jedem zeigen und wann immer ich will. Ich könnte ihn sogar verkaufen.»

Jade war einverstanden. In ihren Augen war es nur ein bescheidenes Geschenk, das sie Roland damit machen konnte.

Am nächsten Morgen beschloß sie, ihr tägliches Training wieder aufzunehmen. Sie zog ein rotes Trikot an, dessen hoher Beinausschnitt ihr muskulöses Gesäß und ihre schmalen Hüften frei ließ, und lief einige Kilometer am Strand, halb im hochspritzenden Wasser, entlang, glücklich und ausgelassen in ihrer Jugend, ihrer Schönheit, ihrer Sportlichkeit und dem Gefühl, frei zu sein.

Auf dem Rückweg blieb sie an der Pferdekoppel stehen und benutzte den Holzbalken als Übungsstange. Es war ein neues und angenehmes Gefühl, an der frischen Luft und ohne die üblichen Strumpfhosen und Ballettschuhe zu trainieren. Sie wölbte den Rücken, stellte sich mit einem Bein auf die Zehenspitze und hob das andere bis an die Schulter, mit einer Leichtigkeit und Eleganz, die ihr bisher nie gelungen war.

Als sie sich vorbeugte und das Bein nach hinten warf, rutschte ihr Trikot ganz in die Ritze und entblößte ihr frischrasiertes Geschlecht. *Plié, Relevé, Développé, Rond de Jambe*... bei jeder dieser Übungen spürte sie die warmen Sonnenstrahlen wohlig auf dem nackten Fleisch zwischen ihren Beinen.

Vom anderen Ende der Bucht näherten sich zwei Reiter im Galopp. Jade erkannte, daß es Roland und Bianca waren, die sich von weitem merkwürdig ähnlich sahen. Sie hatten die gleiche gebräunte Haut, die gleiche stolze Haltung und trugen beide Jeans, Achselhemden und mexikanische Stiefel. Bei ihrem Anblick krampfte sich Jades Herz vor Eifersucht zusammen. Auf ihrem strengen Nackenknoten trug Bianca einen schwarzen Hut, der am Kinn von einem schmalen Lederband gehalten wurde. Stolz und kerzengerade saß sie auf ihrer arabischen Stute wie einst Conchita Cintron, ein berühmter weiblicher Torero, von der Jade eine altes Foto besaß und in ihrem Jungmädchenzimmer an die Wand geheftet hatte.

«Kannst du reiten?» erkundigte sich Roland, als sie bei Jade angelangt waren.

Als sie nickte, sprang er vom Pferd und sagte: «Da, nimm meine Stute.»

Jade zupfte fahrig an ihrem knappen Trikot, setzte den Fuß in den Steigbügel und schwang sich auf die edle, nervöse Fuchsstute. Der mexikanische Sattel war tiefer als die englischen Sättel, an die sie gewöhnt war, und hatte vorn eine Art Wölbung, die zwischen den Beinen rieb. Das Gefühl des Leders an ihrem dünnen Trikot, der Geruch des Pferdes und der Kontakt mit seinem rauhen Fell an ihren Beinen hatte etwas Verwirrendes.

Plötzlich hörte sie Biancas Reitgerte an ihrem Ohr vorbeizischen, sie traf den Hals ihres Pferdes, das sofort im gestreckten Galopp abging. Jade legte die Knie fest an, beugte sich über den Pferdehals und gab sich ganz dem Rhythmus des Tieres hin, während sich ihr nacktes Fleisch an seinem Fell rieb.

Bianca ritt auf gleicher Höhe neben ihr, mit fast aufrechtem Rücken wie der weibliche Zentaur aus Spanien, die mythische Figur, vor der die Indios gezittert hatten. Sie begehrte Bianca heftig, hatte den Wunsch, sich ihr zu unterwerfen und sehnte sich gleichzeitig danach, sie zu besiegen. Sie stellte sich vor, Bianca sei die feurige Stute unter ihr und spannte ihre Muskeln an, um sie zu zähmen. Sie drückte ihr die Waden in die Seiten, faßte die Zügel kürzer und zeigte ihr, wer der Meister war. Die Stute gab sofort nach, fiel in den gewünschten Trab und ließ sich von Jade in dieser Gangart bis zur Villa zurück dirigieren.

Roland erwartete sie, und Alejandro stand, mit einer Videokamera bewaffnet, bei ihm.

«Jade hat entschieden zuviel an», erklärte Roland.

Sie stieg vom Pferd und legte ohne Zögern ihr Ballett-Trikot ab.

Es machte ihr bei weitem weniger aus, sich ganz als teilweise nackt zu zeigen. Außerdem war sie stolz auf diesen

Körper, dem es gelungen war, die Stute zu bändigen, und stellte ihn gern zur Schau.

«Und was ist mit Bianca?» fragte sie, selbst überrascht von ihrer Kühnheit. «Sollte sie sich nicht auch ausziehen?»

«Nein», sagte Bianca schneidend, «ich bleibe, wie ich bin.»

Ich habe mich also doch nicht getäuscht, dachte Jade, sie haßt mich.

«Steig nach oben zu Bianca», befahl Roland, «ich werde euch zusammen filmen.»

Jade sprang auf den Pferderücken, setzte sich hinter den Sattel, legte die Arme um Biancas Taille und drückte ihre nackte Brust gegen deren schweißgetränktes Hemd. Sie empfand es als sehr verwirrend und erregend, daß sie selbst keinen Faden am Leib trug, während Biancas Körper von Kopf bis Fuß verhüllt war. Die Vorstellung, ganz entblößt und wehrlos dieser stolzen Amazone, die sie so heftig begehrte, ausgeliefert zu sein, gefiel ihr sehr, denn dieser Unterschied schien aus ihnen beiden paradoxerweise eine Einheit zu machen. Sie waren Gegensätze, aber keine Rivalinnen mehr.

Bianca gab ihrem Hengst die Gerte, und sie stürmten davon. Ihre Schenkel fest an die Biancas gepreßt und die Brust gegen ihren Rücken, spürte Jade, wie ihre Klitoris erwachte. Sie legte ihre Hände auf Biancas Brüste und fühlte, wie sie unter ihren Liebkosungen fester und steifer wurden. Das ermutigte sie, und sie versuchte, ihre Finger zwischen die Beine ihrer Reitgenossin zu schieben. Es gelang ihr nicht, denn Bianca nutzte den Umstand, durch Jades Gewicht nach vorne gedrückt zu werden, und gab sich genüßlich der Reibung des Sattelknaufs hin, während Jade ihr das Hemd hochstreifte, ihren Busen enthüllte und die Brustwarzen sanft mit den Fingerspitzen massierte. Es dauerte nicht lange, bis Jade an einem kaum wahrnehmbaren Zittern von Biancas Becken spürte, daß ihre Freundin zum Höhepunkt gekommen war.

Unterdessen waren sie auf die Kamera zugeritten und von Alejandro gefilmt worden. Als sie anhielten, stieg Bianca vom Pferd und legte sich, mit noch immer entrückter Miene, in den Sand. Sie öffnete ihre Hose und begann vor der laufenden Kamera zu masturbieren.

«Ah, das ist gut, das ist gut», sagte sie immer wieder, während Jade wieder in den Sattel stieg.

Biancas zweiter Orgasmus war noch heftiger, begleitet von Schreien, von einem Aufbäumen des Körpers und einem wilden Hin und Her des Kopfs. Sie machte so viel Lärm und bewegte sich so ungestüm, daß die Tiere erschraken und Jades Pferd sich aufbäumte. Während sie sich an seinen Hals klammerte, um nicht abgeworfen zu werden, dachte sie: ‹Bianca macht Theater, nur für die Kamera.›

«Jetzt bist du an der Reihe», wandte sich Roland ihr zu.

Sie sah ihn fragend an. Sie schämte sich ein wenig, so zu tun, als habe sie ihn nicht verstanden, aber sie legte Wert darauf, aus seinem eigenen Mund zu hören, was er von ihr wollte.

«Faß dich an und befriedige dich vor der Kamera», sagte er und hielt die Zügel fest.

Jade beugte sich nach vorn, legte die Arme um den Pferdehals und drückte ihre Brüste gegen die Mähne. Dann begann sie, auf dem Sattel hin und her zu rutschen. Sie war sich vollkommen bewußt, daß die Kamera auch das kleinste Beben ihres Körpers registrieren würde. Die Vorstellung bei jeder Bewegung gefilmt zu werden, erhöhte den sinnlichen Genuß der Reibung des Leders an ihrer Vulva, der Pferdemähne an ihren Brüsten und des gelegentlichen Kontakts ihres Anus mit einer Unebenheit des Sattels. Sie schwenkte ihr Becken hin und her, auf und ab, rieb sich immer heftiger an ihren Hinterbacken, bis sie endlich den Orgasmus fühlte und nun auch so laut aufschrie, daß sich das Pferd erneut verängstigt aufbäumte und sie abwarf.

Als sie am Boden lag, bemerkte sie, daß Alejandro aussah wie vom Schlag gerührt und offensichtlich hin und her gerissen war zwischen seinen Prinzipien und seinen Trieben. Das Teleobjektiv der Kamera ragte hoch wie der bildliche Ausdruck dessen, was sich zwischen den Beinen des Kameramannes abspielte.

«Willst du sie haben?» fragte Roland.

Alejandro schien zu zögern.

«Das verpflichtet dich zu nichts», fuhr Roland fort. «Du mußt nicht glauben, wenn du es heute tust, daß du es dann wieder tun oder daß du deine Frau mit uns teilen mußt. Also, wenn du sie willst, dann nimm sie, jetzt sofort.»

Alejandro zog hastig seine Hose aus und warf sich über Jade.

«Mach es ihm zuerst mit dem Mund», befahl Roland.

Jade fühlte sich sehr verunsichert, aus Angst, sich ungeschickt anzustellen, aber andererseits hatte sie große Lust auf dieses kräftige dunkle Glied. Sie wollte fühlen, wie fest es war und wie sein Samen schmeckte, um ihn mit dem ihres Geliebten vergleichen zu können. Sie ergriff den erigierten Penis und war ganz überrascht, daß sich die Haut so leicht verschob, was bei Rolands Glied unmöglich war. Dafür kamen ihr aber Alejandros Hoden viel größer vor. Sie fuhr mit ihrem Mund darüber, dann ließ sie ihre Lippen über den straffen Penis wandern und leckte die Eichel ab. Sie hatte sie noch kaum in den Mund gesteckt, als Alejandro bereits ejakulierte. Jade kostete sein Sperma, es war dünnflüssiger und schärfer im Geschmack als das von Roland.

Als sie wieder aufstand, hatte sie das Gefühl, ein Examen bestanden zu haben, und warf sich triumphierend in Rolands Arme. Er drückte sie zärtlich.

«Sind Sie zufrieden mit mir?» fragte sie.

«Sehr», antwortete er nur.

6. Kapitel

Olga und Jade lagen neben dem Swimmingpool und schlürften mit Strohhalmen aus großen Gläsern einen Papaya-Milchshake. Im Radio spielte man einen Schlager, zu dessen Rhythmus Olga ihren Körper schwingen ließ. Ihre üppigen Formen erreichten zwar nicht die der Venus von Lespugue, aber im Vergleich zu Jade hatte sie doch ganz beachtliche Hüften und Hinterbacken, die sich mächtig in den Stoff des Liegestuhls drückten, während Jade in ihrem Sitz fast verschwand. Allerdings hatten beide dieselbe Taillenweite.

«Ich bin gebaut wie die Statuen von Khajuraho», erklärte Olga ohne einen Anflug von Bescheidenheit, «jede Menge Busen und zwei ordentliche Liebesbacken, damit sich die Männer besser festhalten können, wenn's ihnen kommt. Ich bin nämlich so scharf, daß sie sonst wegfliegen würden, verstehst du? Sie würden sich in ihre Bestandteile auflösen – und paff! wären sie verschwunden ... Mein *colita* hat mir schon viele Liebhaber eingebracht, weißt du. Als ich noch in Lima als Sängerin gearbeitet habe, hatte ich einen Typen, einen Mexikaner, machte in Erdöl und hatte massenhaft Geld ... Er war einfach verrückt nach meinem Hintern und vögelte mich so oft und so wüst da rein, daß ich nur noch blaue Flecken hatte. Tatsächlich kann ich mich nicht erinnern, jemals sein Gesicht gesehen zu haben bei der Liebe. Eine Zeitlang haben wir zusammen gelebt, dann hat er ein Mädchen mit einem noch größeren *colita* gefunden und mich fallenlassen. Worauf es ihm vor allem ankam, war Masse. Nicht besonders feinsinnig, diese Mexikaner. Deshalb hab ich mich dann auch mit Roland zusammengetan, denn er ist wenigstens ein Kenner.»

«Bist du Roland in Peru begegnet?»

«Ja, in Arequipa. Total abgebrannt, wie ich war, bin ich in eine Kirche, um der Jungfrau eine Kerze zu stiften. Nicht, daß ich wirklich daran glaube, aber schaden tut es auch nichts. Das Risiko ist jedenfalls minimal. Ihr Franzosen nennt das, glaube ich, eine Osterwette, und wenn man in einer solchen Lage steckt, ist es besser, man baut darauf, daß Gott doch existiert. Um es kurz zu machen: Roland besichtigte die Kirche und bewunderte gerade eine Statue aus der Kolonialzeit. Er sah mich und bewunderte mich ebenfalls, schließlich ist er ein großer Kunstkenner. Ich trug ein hübsches, geblümtes Kleid, das über den Hüften gerafft war und vorne einen sehr flotten Schlitz hatte. Roland hat sich mit mir in einen der Beichtstühle zurückgezogen, und schon wurden meine Wünsche erhört.»

«Was habt ihr getrieben in dem Beichtstuhl?»

«Wir waren in dem kleinen, vergitterten Verschlag, in dem normalerweise der Pfarrer sitzt. Und da es dort für zwei Leute ein wenig eng ist, hat er sich hingesetzt und ich hab mich vor ihn gekniet. Ich habe seine Hose aufgemacht, sein Glied herausgenommen, mein Kleid aufgeknöpft und ...»

«Ich verstehe», unterbrach Jade, die bei dieser Schilderung langsam eifersüchtig wurde, «und dann hat er dich mit hierher genommen. Waren noch andere da, als du hier ankamst?»

«Nun, Bianca natürlich. Sie ist schon seit langem da, ungefähr seit zehn Jahren ... Und Gina, die Italienerin, ist auch lange geblieben und dann gegangen. Wie so viele andere, die gehen und zurückkommen und wieder gehen. Berit ist erst seit kurzem da. Komm mit, ich werd dir mal was zeigen.»

Sie lief zum Schwimmbecken, ließ sich in das blaue Wasser gleiten, hielt sich dann am Beckenrand fest, spreizte die Beine und schloß genüßlich die Augen.

«Was machst du da?» fragte Jade verwundert.

«Hast du den Wasserzulauf noch nicht bemerkt? Hier ist noch eine Stelle, wo es sprudelt. Das mußt du mal probieren, es ist einfach göttlich!»

Jade folgte Olgas Beispiel und spürte, wie sich ihre Klitoris unter dem Druck des Wasserstrahls sofort verhärtete. Das war viel sanfter als ein Finger, sogar noch sanfter als eine Zunge. Der Orgasmus kam, einmal, zweimal, dreimal ... sie konnte gar nicht genug haben von diesem Massagestrahl.

«Paß auf und dreh dich nicht gleich um», flüsterte Olga, «Alejandro guckt uns zu. Komm, wir werden ihm was bieten. Leg dich auf den Rücken und mach den toten Mann.»

Sie tauchte, kam zwischen Jades Beinen wieder hoch, legte ihren Mund auf Jades Geschlecht und begann sie mit aller Inbrunst zu lecken. Dabei umklammerten ihre Hände Jades Brüste und massierten und drückten so fest, daß Jade das Gleichgewicht verlor, unterging und sich verschluckte.

Prustend kam sie wieder hoch. «Hör auf!» flehte sie.

Olga setzte sich auf den Beckenrand, und nun war Jade an der Reihe. Es war das erste Mal, daß sie eine Frau mit dem Mund liebkoste, aber sie wußte, daß sie es gut machen würde. Sie brauchte nur daran zu denken, was ihre eigene Katze am liebsten hatte.

Ihre Zunge tastete nach Olgas Klitoris, die viel größer und runder war als ihre, geradezu riesengroß und fast so hart wie ein männliches Glied. Sie nahm sie fest in den Mund, zwickte sie zart mit den Zähnen, saugte sie ein und rollte sie zwischen den Lippen, bis Olga sie mit einem Orgasmus belohnte.

«Ah, ich will dich, ich kann nicht genug von dir haben», sagte Olga sehr laut. «Geh und lehn dich an die kleine Mauer da hinten.»

Jade war überrascht von Olgas Ton. Vielleicht machte sie sich lustig über sie?

«Tu, was ich dir sage. Schnell!» flüsterte Olga mit zusammengepreßten Lippen.

Jade gehorchte und lehnte sich mit dem Rücken an die Mauer neben der Tür, die zum Salon führte. Mit einer fast bedrohlichen Miene kam Olga langsam näher, um dann im letzten Moment plötzlich ins Haus zu stürzen und ein Indianergeheul anzustimmen:

«Ich hab ihn! Ich hab ihn erwischt! Die Hand in der Tasche – oder besser gesagt: am Beutel!»

Sie hatte den armen Alejandro auf frischer Tat ertappt und in eine Ecke gedrängt. Er stand da, mit offener Hose, aus der sein steifes Glied ragte, und stammelte auf spanisch ein paar Ausflüchte.

«Er hat uns von Anfang an beobachtet», sagte Olga. «Du hast alles gesehen, stimmt's?»

«Nichts hab ich gesehen», beteuerte er auf englisch.

«Und wenn wir beide, Jade und ich, es nun direkt hier vor deinen Augen treiben würden, hättest du dann immer noch nichts gesehen?»

«Nein, nichts», beharrte er.

«Und wenn wir dich anfassen, würdest du dann vielleicht auch nichts fühlen?»

Alejandros Glied richtete sich wieder auf. «Nein, ich würde nichts fühlen», versprach er mit einem Lächeln.

«Da haben wir aber einen interessanten Fall von örtlicher Betäubung vor uns ...» meinte Olga und spannte ihre Finger fest um den steifen Penis. Während sich ihre Hand rhythmisch auf und ab bewegte, wurde Alejandros Lächeln immer starrer und seine Beine begannen zu zittern.

«Hilf mir, Jade», sagte Olga.

Ohne recht zu wissen, was sie machen sollte, stellte sich Jade hinter Alejandro und schob ihre Hand zwischen seinen Beinen hindurch, um seine Hoden zu massieren. Dabei streifte sie seinen Anus, und der Chauffeur zuckte heftig zusammen. Jade nahm das als Aufforderung, an diesem Ort ein wenig zu verweilen, und steckte ihren Finger in die enge Öffnung. Derweil hatte sich Olga vor Alejandro hingesetzt und aus dieser Position begonnen, seinen Unterleib und sein Glied mit ihren großen Brüsten zu massieren.

«Das ist die spanische Methode», erläuterte sie, als führe sie gerade eine Yoga-Übung vor. «Eine Spezialität von mir …»

Jade beneidete sie um ihre Gelassenheit, denn sie selbst fühlte sich inzwischen äußerst stimuliert von dieser Situation. Es war nicht Alejandro selbst, den sie begehrte, sie hatte nur Lust, sein dickes dunkles Glied zu fühlen und seine rauhen, rissigen Hände. Aber statt dessen bot ihr Olga seinen Mund an.

«Leg dich hin», befahl sie Alejandro, «und du, Jade, setzt dich auf seine Brust und gibst ihm dein Ding.»

Gierig machte sich der Chauffeur über Jade her und saugte so ungeschickt an ihren inneren Schamlippen, daß es weh tat. Jade fragte sich, ob er das wohl zum erstenmal tat, und dieser Gedanke war so erregend, daß er die Ungeschicklichkeit ihres Partners aufwog. Sie drückte sich fester gegen diesen unerfahrenen Mund und begann sich an ihm zu reiben, während ihr Liebhaber ihre Brüste packte und schmerzhaft drehte. Es war eine ungeschickte und brutale Geste, aber sie brachte Jade sofort auf den Höhepunkt. Als sie wieder aufstand, wischte sich Olga gerade mit einem Taschentuch ihre wogenden Brüste ab, die über und über mit Sperma bespritzt waren.

Binnen weniger Sekunden war auch Alejandro wieder auf den Beinen, richtete seine Kleidung und verschwand.

«Und was ist mit mir?» beschwerte sich Olga. «Ich bin schließlich auch heiß …»

«Bist du nicht gekommen vorhin?»

«Doch, aber soll ich etwa auf die Zinsen warten? Die bekommt man schließlich nicht alle Tage … Ich hab schon wieder Lust, und du könntest mir eigentlich einen kleinen Gefallen tun, Jade, meine Süße. Du kannst es ja schon ganz gut, aber Übung macht den Meister, verstehst du? Und wenn du die Technik erst perfekt beherrschst, wirst du bestimmt die beste Geliebte jenseits des Urals.»

Jade gab den Wünschen ihrer Freundin nach, zumal sie Gefallen daran fand, Olga mit ihrer Zunge zur Raserei zu bringen. Ganz langsam fuhr sie über Olgas Höhle, streifte die Klitoris nur leicht mit der Oberlippe und erkundete die Furche zwischen ihren Hinterbacken. Als sie ihren Zeigefinger sachte in Olgas Anus schob, begann die Freundin wollüstig zu stöhnen und sie auf spanisch mit den zärtlichsten Kosenamen zu belegen, während sie sich mit vorgeneigtem Kopf eine ihrer eigenen Brüste in den Mund stopfte, um an der steifen Warze zu nuckeln.

Einer plötzlichen Eingebung folgend, machte Jade es jetzt umgekehrt, indem sie Olgas Klitoris mit den Fingern massierte und ihre Zunge zwischen ihre Hinterbacken steckte. Die Peruanerin ruckte heftig mit dem Becken, zupfte immer rascher an ihren Brustwarzen, daß sie vibrierten wie die Saiten einer Gitarre – und kam.

«Ah, das war gut», sagte sie dann und rieb sich genüßlich den Bauch.

«Ich wußte gar nicht, daß man an seinen eigenen Brustwarzen saugen kann», meinte Jade.

«Oh, das schafft beileibe nicht jede! Das ist nur was für die Elite. Dafür muß man schließlich ausgestattet sein, entweder mit Brüsten, die groß genug sind, oder mit einer sehr langen Zunge. Oder man ist sehr gelenkig – und für mich treffen alle drei Sachen zu. Du kannst es ja auch mal versuchen.»

Jade beugte den Kopf, hob mit der Hand eine ihrer Brüste hoch und streckte ihre Zunge so weit heraus, bis ihr der Unterkiefer weh tat. Aber sie reichte nur knapp mit der Zungenspitze heran, und obwohl das Kitzeln sehr angenehm war, konnte sie es nur wenige Sekunden in dieser Stellung aushalten.

«Ich schaff es nicht», sagte sie enttäuscht.

«Dann gehörst du auch nicht zu den Auserwählten», antwortete Olga mit einer gewissen Selbstgefälligkeit. «Aber mach dir nichts draus, dafür hast du andere Trümpfe in der Hand. Und außerdem geht es nicht darum, andere zu imitieren, sondern mit dem, was man hat, zufrieden zu sein und das Beste daraus zu machen.»

Jade merkte jetzt, daß Olgas Eitelkeit nur vorgetäuscht war und daß sie ihrer Freundin eine gutgemeinte und lehrreiche Lektion in Sachen Glücklichsein verdankte.

7. Kapitel

Aus der offenen Tür des kleinen, zum Pool hin gelegenen Salons rauschte plötzlich eine Kaskade von Noten, in denen Jade ein Stück von Liszt, ihrem Lieblingskomponisten, erkannte. Sie legte ihre Illustrierte beiseite und ging näher zur Tür, um die Musik besser hören zu können. Drinnen im Salon erblickte sie Roland, der an einem weißen Stutzflügel saß. Sie trat zu ihm und beugte sich über das Notenblatt, um den Titel des Werks zu lesen: *Eroica*, 7. Etüde.

Roland spielte das schwierige Stück mit sehr viel Schwung. Jade beobachtete das schnelle und präzise Spiel seiner Finger, die wie schwerelos über die Tastatur tanzten. Seine Hände schienen das Instrument zu liebkosen. Die Klänge, die Bewegung und das Berühren vereinten sich zu einem dreifachen Genuß, den Jade sich auch für ihre Leidenschaft, den Tanz, gewünscht hätte. Aus diesem Grund hatte sie sich ein wenig mit dem Barathanathyam beschäftigt, einem indischen Tanz, bei dem die Tänzerin selbst zu einer Art Musikinstrument wird, indem sie mit jedem Tritt die Glöckchen an ihren Fußreifen zum Klingen bringt. Jade fand es bedauerlich, daß die abendländischen Tänze solche Dimensionen nicht eröffneten. Hier mußte die Ballerina lautlos ihre Schritte und Sprünge vollführen, sie durfte weder lachen noch weinen, sie hatte stumm zu sein und ätherisch, und niemand vernahm ihre innere Melodie, das Beugen und Strecken der Muskeln, das Pochen des Pulsschlags.

Das Stück war zu Ende. Roland klappte den Klavierdeckel zu, als handle es sich um den letzten Vorhang auf einer Bühne. Die Vorführung war vorbei. Jade war enttäuscht, aber sie wagte nicht, ihn zu bitten, noch etwas für sie zu spielen.

«Liszt scheint dich ziemlich traurig zu machen», sagte Roland und nahm zärtlich ihre Hand.

«Nein, nur nachdenklich. Ich habe ans Tanzen gedacht, an die Schau ...»

«Hast du Heimweh nach Paris?»

«Nur nach der Bühne.»

«Ich verstehe. Jede gute Tänzerin braucht ein Publikum. Komm, ich werde dir etwas zeigen. Du hast ein Recht, das zu sehen, denn du weißt die Schönheit zu schätzen.»

Er führte sie in sein Schlafzimmer und richtete ein Fernbedienungsgerät auf den bodenlangen Spiegel gegenüber seinem Bett. Die Glasscheibe verschwand lautlos im Innern der Wand und gab den Blick auf einen großen Raum frei, kühl wie die Grabkammer einer Pyramide. Auf den Gestellen und in den Vitrinen im Innern des Raums standen Hunderte von Tontöpfen und Skulpturen.

Mit besonderer Bewunderung betrachtete Jade ein paar kleine, aus einem Stein gehauene Hocker, die mit einem sorgfältig bearbeiteten Tierkopf verziert waren.

«Die nennt man *metates*», erklärte Roland, «kleine Tische, auf denen die Indios die Maiskolben stapelten. Es sind Darstellungen des Jaguars, der bei den meisten mittelamerikanischen Stämmen verehrt wurde. Aber sieh dir doch einmal das hier an ...»

Er reichte ihr eine dreifüßige Vase, deren Stützen aus der Darstellung verschiedener Figuren in unterschiedlichen Posen des Geschlechtsakts bestand.

«Bereits die Indianer, die dies hier geformt haben, betrachteten die körperliche Liebe als eine Kunst. Schau dir nur diese sinnlichen Körper an, wie sich dieser Schenkel um die Taille biegt und wie hingegeben sich dieses Becken vorwölbt ... Für diese Paare war es wie ein Gottesdienst, sich dem anderen hinzugeben, ihre fleischliche Vereinigung hatte etwas von der Schönheit der sakralen Riten, der spitzenbesetzten Meßgewänder und der goldglänzenden Monstranzen.»

Ein weiteres Tongeschirr ruhte auf drei männlichen Figuren, die den Kopf nach hinten gewandt hatten. Zwischen ihren Beinen reckte sich ein Glied von übernatürlicher Größe empor.

«Wo sind die abendländischen Künstler, die es gewagt hätten, einen steifen Phallus darzustellen?» fuhr Roland fort. «Und doch ist der Phallus die Quelle des Lebens und das Salz unseres Daseins. Die meisten unter uns Abendländern haben die Selbstzensur ihrer Vorväter verinnerlicht, und dagegen müssen wir ankämpfen, um herauszufinden, wie groß unser Potential an körperlicher Lust ist.»

Er betätigte einen Schalter, der unter einer Tischplatte versteckt war, und eine Trennwand zu einer Geheimnische tat sich auf. Aus der Dunkelheit schimmerte das Gold von Masken und Schmuckstücken, umgeben von Jadesteinen jeder Größe, bearbeitet und ziseliert wie getriebenes Metall. Die Farbe der Stücke variierte von Rosa über die verschiedensten Grüntöne bis hin zu einem tiefen Indigo.

«Nach Auffassung der Chinesen», erklärte Roland, «ist die Jade ein Stück aus dem Regenbogen, und man schmiedet daraus die Donnertore für den Wettergott.»

Er nahm einen kleinen Anhänger zur Hand und sprach weiter:

«Dieses tiefe Blau ist die Spezialität von Costa Rica und hat die Olmeken veranlaßt, von Mexiko hierher zu kommen. Mir persönlich aber ist das Grün, die Farbe der Moose und Farne, bei weitem lieber.»

Er hob einen fast durchscheinenden Anhänger, auf dem ein Vogelkopf dargestellt war, an Jades Gesicht und sagte:

«Reinste Jade ... genau die Farbe deiner Augen, die Farbe der tropischen Wälder ... Komm, faß mich an ...»

Die Bitte kam etwas überraschend, aber Jade gab ihr sofort nach, streckte ihre Hand aus und stellte fest, daß Roland eine Erektion hatte. Dieses Verlangen, inspiriert von der Schönheit, war auch in ihr wachgeworden. Es hatte ihr sehr gefallen, daß Roland ihre Augen mit dem feuchten Grün der Wälder in den Tropen verglichen hatte, denn das entsprach ihrer Vorstellung von dem Land, in dem ihr Vater verschwunden war. Die Farbe ihrer Iris – paradoxerweise ein Erbteil ihrer Mutter – war undurchdringlich und geheimnisvoll wie der Dschungel von Vietnam, der modrigen Tümpel, in deren stehendem Wasser wimmelndes Leben herrschte. Und wieder hörte sie in ihrem Innern die Musik, die die Muskeln belebte und den Puls beschleunigte ...

Ihr Körper schlug den Takt zu dieser Symphonie, zu dem Erwachen all ihrer dämmernden Sinne, dem Bedürfnis, jemanden zu berühren und berührt zu werden, der Sehnsucht, Trennendes zu überwinden und zu einer Einheit zu verschmelzen.

Sie kniete sich hin und führte Rolands Geschlecht an ihre Lippen, mit einer Ehrfurcht, als erfülle sie eine heilige Handlung, als folge sie dem Ritus einer Religion, der nur sie beide huldigten, und sie entdeckte, daß dieser scheinbar immer gleiche Akt von den unterschiedlichsten Gefühlen getragen sein kann. Eingeschlossen mit ihrem Geliebten in diesem geheimen Museum, bekam diese Fellatio die Feierlichkeit eines Kults, dessen Hohepriesterin sie war.

Roland streifte das Kleid von ihren Schultern und löste ihr Haar, so daß sie nackt zu seinen Füßen kniete, verletzlich und doch stark mit dem hohen, prallen Glied ihres Geliebten, das ihr zeigte, wie schön sie war und wie er sie begehrte.

Von sehr weit her, aus der Welt der Sterblichen jenseits des Spiegels, drang Otilias Stimme. Roland wurde am Telefon verlangt. Hand in Hand traten sie wieder ins Zimmer. Hinter ihnen schloß sich die Tür, und im Licht des Tages wurden sie sterblich wie zuvor.

«Das war Miguel Mora, der Bezirksabgeordnete», meldete Roland, nachdem er den Hörer aufgelegt hatte. «Ein Freund und ein Sammler wie ich. Er kommt heute zum Abendessen. Ich werde dir helfen, dich entsprechend anzuziehen, denn ich möchte, daß du so verführerisch bist wie ein reifer, rosiger Pfirsich.»

Er begleitete sie zu ihrem Bungalow. Zum erstenmal betrat er ihr eigenes kleines Reich, an dessen Wänden sie ein paar Fotos von sich aufgehängt hatte, um sich etwas heimischer zu fühlen. Das eine zeigte sie als Engel im Ballettröckchen und mit rosa Spitzenschuhen, das andere als dämonisches Weib mit Netzstrümpfen und Perücke, kurz vor einem Bühnenauftritt. Auf dem Nachttisch stand ein Bilderrahmen mit einer Aufnahme von Mylène im Abendkleid, und an Stelle anderer Kunstobjekte hatte sie überall ihre Kleider aufgehängt, die nun auf dem weißen Wandputz ein farbenprächtig schillerndes Durcheinander ergaben. Sie fürchtete, Roland könne diese ungeschickten Verschönerungsversuche für kindisch halten, aber er gab dazu keinen Kommentar ab.

«Heute abend bin ich Euer Kammerdiener, Mademoiselle», sagte er mit einer Verbeugung. «Verfügen Sie über mich, ganz nach Ihren Wünschen.»

«Nun, dann lassen Sie mir das Badewasser ein», befahl sie, belustigt auf sein Spiel eingehend.

Während sie sich lässig auf ihrem Bett ausstreckte, füllte er die Wanne mit warmem Wasser und gab eine duftende Badelotion hinein.

«Das Bad ist gerichtet, Mademoiselle.»

Sie richtete sich auf, setzte sich auf die Bettkante und wartete darauf, ausgekleidet zu werden. Er kniete sich hin, streifte ihre Schuhe ab und streichelte, wie zufällig, zärtlich ihre Wade.

«Nicht doch!» sagte Jade streng und gab ihm einen leichten Tritt in den Bauch. «Mein Freund, Sie vergessen, wer Sie sind.»

«Ich bitte um Verzeihung», sagte er und knöpfte ihr Kleid auf.

Mit der gleichgültigen Miene einer Prinzessin, die sich von einer alten Zofe auskleiden läßt, hob sie die Arme, damit er ihr das Kleid über den Kopf ziehen konnte. Dann ließ sie sich würdevoll in den duftenden Badeschaum sinken, während Roland im Türrahmen stehenblieb. Unter dem hellen Stoff seines Hemdes zeichneten sich seine Schultermuskeln ab, in der indirekten Beleuchtung traten seine Gesichtszüge plastisch hervor, zeigten ihre ganze Festigkeit und sinnliche Stärke.

Jade sehnte sich danach, daß er sie umarmte und aufspießte, bis es weh tat. Sie schloß die Augen, legte ihren Kopf zurück und stellte sich vor, wie sich ihrer beider Geschlechtsteile vereinten. Als sie die Augen wieder öffnete sah sie an seinem leicht maliziösen Ausdruck, daß er ihre Wünsche erraten hatte. Sie war ihm ausgeliefert, auch jetzt, wo er den unterwürfigen Diener spielte, und er genoß seine Macht über sie. Sie beschloß, den Augenblick der Übergabe noch etwas hinauszuzögern.

«Waschen Sie mich», befahl sie streng und wieder ganz in ihrer Rolle.

Er beugte sich zu ihr hinunter und seifte ehrerbietig ihre Schultern ein.

«Ich möchte überall sauber sein», sagte sie, «Sie dürfen nicht die kleinste Stelle vergessen ...»

Gehorsam verteilte er den Schaum auf ihren Brüsten, dann wanderte die Hand mit der Seife über ihren Bauch und ihre Hüften. Jade hob sich ein wenig aus dem Wasser, damit die Hand auch ihren Schoß erreichen konnte. Sie verweilte lange zwischen ihren Schenkeln und massierte sie so gut, daß sie fast gekommen wäre. Aber sie wehrte sich, sie wollte dieses Vergnügen noch länger genießen.

«Das genügt», sagte sie im Befehlston.

Er wusch ihr die Seife ab und frottierte sie mit einem flauschigen Badetuch trocken. Seine starken Hände rieben sie so ungeniert ab, daß sie erneut die Lust verspürte, sich ihm zu ergeben.

«Pudern Sie mich ein», befahl sie statt dessen.

Er nahm eine kleine Puderquaste und kitzelte ihre Brüste. Das war zuviel. Sie mußte lachen und gab auf.

«Kommen Sie zu mir, nehmen Sie mich, schnell!» flehte sie und schmiegte sich in seine Arme.

«Du bist so schön, wenn du mich bittest, dich zu lieben! So scheu und gleichzeitig so verwegen ... Aber wir dürfen unseren Gast nicht warten lassen. Zieh dich an! Nimm etwas in Gelb.»

Jade wählte ein leuchtendgelbes, schulterfreies Kleid, dessen goldene Pailletten mit dem Puder auf ihren Schultern und ihrem Dekolleté um die Wette glänzten. Sie bürstete ihr langes Haar und band es locker mit einem goldbraunen Satinband zusammen. Das Gelb ihres Kleides, der Bernsteinschimmer ihrer Haut und das goldene Braun des Haarbands ergaben eine Farbkomposition, die jeden Maler entzückt hätte.

Miguel Mora stellte sein Whiskyglas ab, als die beiden das Zimmer betraten. Er war ein dunkelhäutiger Mann mittlerer Größe und sehr elegant gekleidet. Jade hatte das Gefühl, ihm schon einmal begegnet zu sein. Dieses krause Haar, diese Unterlippe, die sich bis fast zum Kinn rundete, kamen ihr vertraut vor, erinnerten sie an Victor Mature in seiner Rolle als Orientale in *The Shangai Gesture*.

Neben Miguel stand Bianca in einem orangefarbenen Sari, der ihr den verwirrenden und gefährlichen Charme von Gene Tierney verlieh, der weiblichen Hauptdarstellerin eben dieses Films, den Jade ungefähr fünfmal gesehen hatte. Eine Szene war ihr besonders deutlich in Erinnerung: Die Heldin sitzt an einem Tisch und starrt geradeaus vor sich hin, während ihr Begleiter etwas weiter im Hintergrund steht. Ohne ihn anzusehen oder ein Wort zu sprechen, streckt sie ihm eine Hand hin, damit er ihr eine Zigarette gibt, offenbar völlig sicher, daß er weiß, was sie wünscht ... Auch Bianca wäre zu einer solchen Geste fähig gewesen, so stolz und selbstsicher, wie sie war.

Otilia meldete, das Essen sei angerichtet. Der Tisch war für vier Personen gedeckt. Jade schaute Roland fragend an. Würden Berit und Olga ihnen heute nicht Gesellschaft leisten? Er lächelte nur und machte ihr ein Zeichen, zu schweigen.

Während er mit einer für Jade beneidenswerten Geschicklichkeit seine Languste auseinandernahm, berichtete Miguel von neuen Ausgrabungsfunden in der Nähe des Vulkans von Irazú, bei denen er sich ein paar sehr alte Töpfereien hatte beschaffen können, für die sich Roland lebhaft interessierte. Miguel sprach ein akzentfreies Englisch. Jade bemerkte an seiner Hand einen der Ringe, wie sie von den Absolventen amerikanischer Universitäten getragen werden. Es mußte ihr auffallen, weil er seine kleinen und gepflegten Hände ständig aneinander rieb, als ob er sie wärmen müßte. Dabei sah er ausschließlich den Gastgeber an, die Damen an seiner Seite schienen für ihn nicht zu existieren. Als Jade jedoch ihre Serviette fallen ließ, stand er unverzüglich auf, um sie vom Boden zu heben und sie ihr mit leicht zitternden Händen zu überreichen. Allem Anschein nach verwirrte ihn seine Tischnachbarin.

Nachdem sie den zweiten Gang serviert hatte, ging Otilia zu dem großen, in guatemaltekischen Mustern gewebten Vorhang und zog ihn zur Seite. Hinter einer Glasscheibe wurde das Innere des Schwimmbassins sichtbar, auf dessen Grund sich Olga und Berit tummelten, umhüllt von langen bunten Schals, die bei jeder Bewegung der Frauen hin und her wogten wie die zarten Flossen der Schleierschwänze.

Fasziniert ließ Miguel sein Essen kaltwerden und sah zu, wie sich Olga und Berit umschlangen, miteinander drehten, sich wieder trennten, an die Wasseroberfläche stiegen und sich dabei aus ihren Schleiern wickelten. Wenn sie Luft geholt hatten, tauchten sie aufs neue und wiederholten das Spiel, jedesmal ein wenig mehr von ihren Körpern entblößend. Zuerst ein Bein, dann das zweite, danach die Arme und Schultern, bis schließlich nur noch die sehr weit ausgeschnittenen und figurbetonenden Trikots übrigblieben.

Im Verlauf dieses Unterwasser-Striptease war dem Abgeordneten die Lust am Essen gänzlich vergangen. Er hatte seinen Hemdkragen gelockert, als sei ihm zu heiß geworden, und rieb seine Hände immer heftiger aneinander. Plötzlich schwammen die beiden Taucherinnen dicht an die Scheibe heran und Berit riß Olga, wie zufällig, den Badeanzug mit einem Ruck herunter, so daß sich die Brüste der Peruanerin einen Augenblick lang gegen die Scheibe drückten, bevor sie nach oben schwamm, um sich wieder anzuziehen. Auch Berit schien irgendwelche Probleme mit ihrem Bikini zu haben. Der Slip hatte offenbar die Neigung, sich selbständig zu machen und das blonde Gekräusel ihrer Schamhaare zu enthüllen, aber auch Berit brachte ihren Badedress rasch wieder in Ordnung.

Jade beobachtete Miguels Reaktionen und bemerkte eine verräterische Ausbuchtung seiner Hose.

«Welche von den beiden gefällt Ihnen besser?» fragte sie.

«Ich weiß nicht. Sie sind beide sehr schön.»

«Mögen Sie lieber große oder kleine Brüste?»

Die Frage verwirrte ihn und er gab keine Antwort. Jade beugte sich ein wenig vor, um ihm einen besseren Ausblick in ihr Dekolleté und auf ihre Brüste zu ermöglichen.

«Und meine, gefallen sie Ihnen nicht?» bohrte sie weiter.

«Doch, aber sicher», stammelte Miguel, «sie sind sehr hübsch ... nehme ich jedenfalls an.»

«Und meine Beine?» fragte Jade und hob ihr Kleid hoch.

«Oh, sehr schön, wirklich vollkommen ...» stotterte Miguel.

«Und was ist mit meinen Beinen?» mischte sich Bianca ein, die auf ihren Stuhl geklettert war und dabei war, sich aus ihrem Sari zu wickeln.

Miguel zeigte alle Anzeichen höchster Erregung, war sich aber nicht sicher, wie er sich verhalten sollte. Roland betrachtete ihn lächelnd und schien keinen Anstoß daran zu nehmen, daß sich seine Gefährtinnen vor dem Gast auszogen. Hatte er ihm vielleicht eines der Mädchen zugedacht oder waren beide nur für ihn selbst reserviert? Miguel konnte sich nicht einen Augenblick lang vorstellen, daß die beiden Frauen frei entscheiden konnten, ob sie ihn verführen wollten oder nicht.

Inzwischen hatten sich Berit und Olga in ihrem Aquarium endgültig von ihren Trikots befreit. Während sie sich mit einer Hand oben am Beckenrand festhielten, rieben sich ihre nackten Körper vor den Augen der vier Zuschauer zärtlich aneinander und mit der freien Hand liebkosten sie sich zwischen den Beinen. Miguel schaute ihnen zu, mit vor Staunen offenem Mund, aber immer noch ganz würdevoll, trotz einer sehr sichtbaren Erektion.

Roland gab Bianca durch ein Zeichen zu verstehen, sich auf seine Knie zu setzen. Er hob das Brusttuch ihres Saris und entblößte ihre Brüste, deren Warzenhöfe merkwürdig geschwollen waren. Zärtlich streichelte Roland ihre Brustspitzen, während Bianca seinen Hosenschlitz öffnete und sein Glied herausholte.

Miguel wandte sich höflich von den beiden ab und vertiefte sich in ein Gespräch mit Jade, die offensichtlich für ihn bestimmt sein sollte, nachdem Bianca und Roland sich nun miteinander beschäftigten. Er befragte Jade nach ihrem Leben in Paris und nach ihren Vorlieben in Sachen Kunst, aber Jade stand der Sinn nach ganz anderen Dingen. Sie wollte diesen Mann, der sie anzog, unbedingt dazu bringen, daß er seine Zurückhaltung verlor, aber ohne dabei seine Gefühle zu verletzen. Er sollte den ersten Schritt tun, aber ihr Verlangen siegte bald über ihre Geduld.

«Ich habe ein sehr hübsches Medaillon aus Jade in meinem Bungalow», sagte sie, «eine reizende kleine Katze. Möchten Sie, daß ich sie Ihnen zeige?»

Miguel Mora beeilte sich, ihrem Vorschlag zuzustimmen.

Jade hatte geglaubt, der Abgeordnete würde sich sofort auf sie stürzen, sobald sie allein wären, doch statt dessen folgte er ihr in respektvollem Abstand und wartete höflich vor ihrer Tür, bis sie ihn hereinbat. Jade fand diese Zurückhaltung ärgerlich und erregend zugleich und hatte große Lust, diesen schüchternen Mann zu vergewaltigen.

«Nun, wollen Sie jetzt meine Katze sehen?» fragte sie und streifte ihre Sandaletten ab.

«Ja», antwortete er, ein wenig verlegen, «mich interessiert alles, was aus Jade gemacht ist.»

«Und die andere? Wollen Sie sie nicht auch sehen?»

Ohne eine Antwort abzuwarten, trat sie dicht an ihn heran und wandte ihm ihren Rücken zu.

«Könnten Sie mir bitte den Reißverschluß aufmachen?»

Ungeschickt nestelte er an ihrem Reißverschluß. Als er das Kleid endlich geöffnet hatte, war es um seine Fassung geschehen. Er packte Jade bei den Schultern und vergrub sein Gesicht in ihrem Haar. Das Kleid rutschte nach unten und Jade stand mit nackten, runden Brüsten da. Miguel streichelte sie ganz zart, als habe er Angst, ihr weh zu tun, dann berührte er sie sanft mit seinen vollen Lippen.

Ein Schauer durchrieselte Jade. Sie drehte sich zu Miguel um und begann ihn zu entkleiden, was er sich bereitwillig gefallen ließ. Dann zog er sie zum Bett, legte sich auf sie und drang ganz langsam in sie ein, ihren Hals mit Küssen bedeckend.

Miguels Männlichkeit war nicht sehr ausgeprägt, aber er war sanft und zärtlich, und Jade fand Gefallen an dieser Art zu schmusen. Sie schloß die Augen und stellte sich vor, sie hielte einen kleinen Jungen im Arm, den Bruder, den sie nie gehabt hatte, und diese Phantasterei war so erregend, daß sie einen heftigen Orgasmus hatte. Miguel, der sich für den Urheber dieser feurigen Reaktion hielt, ergoß sich in einem Freudenrausch und betrachtete sie voller Stolz. ‹Wenn ihm das nicht Selbstvertrauen gibt …› dachte Jade und ließ ihm seine Illusionen.

«Ich will dich wiedersehen», sagte er, als sie ihn, keinen Widerspruch duldend, zur Tür schob. «Ich werde dich anrufen. Bald.»

«Ja, bis bald dann», antwortete Jade, ein wenig ungeduldig. Sie wollte möglichst schnell allein sein und dachte an Roland, der in diesem Moment wohl gerade mit Bianca schlief.

8. Kapitel

Bei Ebbe blieben sonnendurchwärmte Wasserlachen in den Vertiefungen der Felsen zurück, und Jade liebte es, darin zu baden und vor sich hin zu träumen. Diesmal leistete ihr ein ganzer Fischschwarm dabei Gesellschaft. Die Fische schwammen hintereinander her, und ihr silbriges Band beschrieb eine Acht nach der andern um Jades Arme und Beine, und wenn sie dabei ihren Körper streiften, war es wie ein tausendfaches, schuppiges Streicheln, das sie jedesmal erschauern ließ.

Sie sah Berit ein Stückchen weiter weg am Strand liegen und forderte sie mit einem Winken auf, zu ihr zu kommen. Mit langen Sätzen und einem eleganten Schwingen ihrer schmalen Hüften kam Berit heran und beugte sich über die Mulde in den Felsen. Ihre Brüste waren so klein und so fest, daß sie auch in dieser Haltung ihre Form behielten. Als sie die Fische entdeckte, die um Jades Körper herumschwammen, lächelte sie und zeigte ihre regelmäßig geformten Zähne. Jade war glücklich, daß Berit ihre Heiterkeit teilte. Normalerweise war die Norwegerin so scheu und distanziert, daß es Jade noch nicht gelungen war, mit ihr ins Gespräch zu kommen.

Berit ließ sich gegenüber von Jade ins Wasser, und die Fische stürzten sich geradezu auf sie. Das Streicheln kam jetzt von allen Seiten und fing an überall zu kitzeln. Die Fische verirrten sich in den Achselhöhlen der Mädchen, glitten über ihren Bauch und schwänzelten flink um ihre Schenkel.

«Ich komme mir vor wie Gulliver bei den Liliputanern», kicherte Berit. «Da versucht uns ja eine ganze Armee zu umzingeln.»

«Ich hätte gerne Hunderte von diesen winzigen Liebhabern, ungefähr so groß wie mein Zeigefinger», antwortete Jade. «Die können sich dann alle meinen Körper teilen. Zwei auf meinen Brüsten, rittlings und die Brustwarzen zwischen ihre Beinchen geklemmt, damit sie nicht herunterfallen, andere, die an mir hochkraxeln wie an einem Berg und meine Haare als Seil benutzen, um sich auf den Gipfel zu schwingen, und die Höhlenforscher wären die verwegensten und würden sofort die Kavernen erkunden. Kannst du dir das vorstellen, all die vielen Küsse von den winzigen Mündchen und die vielen kleinen Schwänzchen, kaum dicker als ein Streichholz und genauso hart?»

«Ich würde immer ein paar von den kleinen Kerlen in der Tasche mit mir herumtragen», phantasierte Berit. «Die müßten dann meine intimsten Stellen putzen. Überleg doch mal: zwanzig kleine Zungen, die mich überall ablecken, kleine, nadelfeine Fingerchen, die mir das Schamhaar kämmen, erbsengroße Händchen, die meine Klitoris auf Hochglanz polieren ...»

Unter dem Eindruck der tänzelnden Fische, der Nähe von Berits schönem Körper und der phantasievollen Vorstellungen wurde Jade immer erregter und wagte es schließlich, vorsichtig Berits Brust zu berühren.

«Hast du Lust? Möchtest du, daß wir's miteinander machen?» fragte Berit mit einer Stimme, die so sanft war wie nie zuvor.

Jade nickte.

«Komm, wir legen uns da unten auf den flachen Stein.»

‹Und warum bleiben wir nicht hier?› dachte Jade, wagte aber nichts zu sagen, um diese unerwartete Vertrautheit mit Berit nicht zu trüben. Sie folgte ihr also zu dem Felsen, streckte sich neben ihr aus und legte ihrer neuen Freundin den Arm um die Taille, die so schmal war, daß Jade sie beinahe mit ihren Händen umspannen konnte. Ihr Bauch war flach und sehr fest, ihr Schamhügel kaum gewölbt und ihre Spalte von einer nicht enden wollenden Länge. Jade tastete nach der Klitoris und streifte ganz sachte darüber.

Auch Berits Hände waren nicht untätig und liebkosten Jade auf eine Weise, die sehr verschieden war von der Heftigkeit beim erstenmal am Abend von Jades Ankunft. Ihre Finger verweilten lange oben auf den Schamlippen, zogen und spannten deren Haut und kitzelten das Lustorgan heraus, ohne es auch nur zu berühren. Jade bäumte sich auf, wölbte ihre Brüste vor, um eine direkte Berührung zu provozieren. Aber es war vergeblich, und seltsamerweise steigerte dieser Entzug ihre Lust noch um ein Vielfaches. Ihr Orgasmus war heftiger denn je. Voller Dankbarkeit kauerte sie sich zwischen die Beine ihrer Freundin, um sie mit dem Mund zu lieben. Es war ein lustvolles Gefühl, Berit dazu zu bringen, daß sie ihre übliche Beherrschung verlor.

Als sie zum Haus zurückging, winkte ihr Roland schon von der Terrasse aus zu.

«Du kennst noch nicht alle Geheimnisse dieses Hauses», sagte er, als sie bei ihm war. «Ich werde dir jetzt das nächste enthüllen.»

Er ging mit ihr in einen kleinen Raum, schaltete ein Videogerät ein, und auf dem Bildschirm erschien die Szene mit ihr und Bianca auf dem Pferd, dann mit ihr allein, nackt und masturbierend auf dem Rücken des Tieres. Es war nichts Neues für Jade, sich beim Masturbieren zuzusehen, das hatte sie schon oft vor ihrem Spiegel getan, aber dieses Videoband wirkte noch viel aufregender. Sie konnte sich aus den verschiedensten Perspektiven sehen, je nach Einstellung der Kamera von der Seite, von weitem, von sehr nah oder nur in einem Ausschnitt. Das Bild ihres eigenen Körpers war faszinierend, und ihre besondere Aufmerksamkeit galt den Stellen, die sie in ihrem Spiegel nicht sehen konnte, beispielsweise ihren runden Hinterbacken …

Das nächste Band zeigte sie mit Berit auf dem Felsen, und sie begriff jetzt auch, warum die Norwegerin darauf bestanden hatte, das laue Bad zu verlassen. Die Kamera zeigte sie mit geschlossenen Augen, im Augenblick des Orgasmus. Wie viele Frauen mochten wohl schon die Möglichkeit gehabt haben, sich in diesem Moment, in dem die Lider zufielen, zu sehen? Für Jade war es der Gipfel des Raffinements, sich selbst im intimsten Augenblick in Großformat zu sehen, aus einer Perspektive, die sonst nur der Liebespartner haben kann ...

«Wie ist das möglich?» fragte sie. «Ich habe nirgendwo eine Kamera gesehen.»

«Mit dem Tele-Objektiv. Aber das ist noch nicht alles ... Du erinnerst dich doch, daß du mir erlaubt hast, dich zu filmen, wann immer ich will ...»

Er wechselte die Kassette, und Jade sah sich in ihrem Zimmer, von oben aufgenommen und mit Miguel Mora, der sich vor Begierde zitternd an ihren nackten Rücken preßte. Dann glitt das Kleid zu Boden, das Bett erschien, das Hinterteil des Abgeordneten in langsamem Auf und Ab, und sie selbst, wieder mit geschlossenen Augen und bei dem Gedanken, mit ihrem kleinen Bruder zu schlafen.

«In der Decke ist also eine Kamera versteckt?»

«Ja, und wir haben dir zugesehen, neulich abends, Bianca und ich, und uns angefaßt, während du mit Miguel geschlafen hast. Bianca ist im selben Moment gekommen wie du.»

Jade fühlte, wie ihre Vulva anfing zu pochen. Also hatte Bianca, dieses arrogante Geschöpf, das sie unbedingt erobern wollte, den Orgasmus mit ihr geteilt. Das war auch eine Art, sich zu besitzen, dachte Jade, und wünschte sich, die Möglichkeit zu haben, auf diese Weise Zugang zu allen ihr einstweilen verschlossenen Intimitäten zwischen Roland und Bianca zu bekommen, denn solange Roland mit ihr allein war, betrachtete sie Bianca als Rivalin.

«Ich auch», sagte sie unvermittelt, «ich will dich auch sehen können, wenn du mit Bianca schläfst.»

«Dann nimm eine Kassette, such dir irgendeine aus», antwortete Roland und zeigte auf die Regale, in denen ganze Reihen von Bändern mit dem Namen der Costaricanerin beschriftet waren.

«Nein, ich will euch live dabei zusehen, ich will erleben, daß ich euren Orgasmus im voraus fühle. Die Höhepunkte in diesen Kassetten da gehören der Vergangenheit an, und die Gefühle, aus denen sie erwachsen sind, sind erloschen. Sogar ihr selbst habt sie inzwischen vergessen.»

«Nun gut, dann warte hier.»

Bevor er den Raum verließ, drückte er auf eine Taste und auf dem Bildschirm erschien das Innere von Biancas Bungalow. Sie selbst saß in einem langen, ausgeblichenen T-Shirt, die Haare zu einem Pferdeschwanz hochgebunden, an einem kleinen Tisch und schrieb. Jade fand es rührend, sie in einem Moment zu überraschen, in dem sie nicht versuchte, verführerisch auszusehen und ganz zerbrechlich wirkte.

Wenige Augenblicke darauf sah sie, wie Bianca hastig aufstand, ihr Haar löste und ihr Hemd gegen einen Morgenmantel aus roter Seide tauschte. Alle diese Gesten waren ein Zeichen dafür, daß sie gefallen wollte, und machten sie in Jades Augen noch ein wenig verletzlicher.

Schießlich ging Bianca zur Eingangstür und Roland betrat das Gesichtsfeld der Kamera. Aus dieser Perspektive, von der Zimmerdecke aus, wirkte er anders als sonst, aber er hob für einen kurzen Augenblick sein Gesicht zum Kameraobjektiv, als wolle er Jade ansehen, die bei diesem heimlichen Zeichen ganz verlegen wurde.

Er nahm Bianca in die Arme und streifte den schimmernden Stoff des Morgenmantels von ihren Schultern, so daß Jade die Rundung einer Brust und eine steife Brustwarze sehen konnte. Dann verschwand Rolands Hand zwischen Biancas Beinen. Sie schloß die Augen und warf den Kopf in den Nacken, als wolle sie Jade zum unmittelbaren Zeugen ihrer Ekstase machen.

Jetzt hob Roland sie hoch, trug sie zum Bett und legte sie darauf nieder, damit ihr ganzer Körper den Blicken der heimlichen Betrachterin preisgegeben war, ihre runden Hüften und Schenkel, ihre Brüste und ihre schmalen Arme, die sich dem Geliebten entgegenstreckten. Der hatte sich inzwischen entkleidet, und Jade konnte seine kräftigen Schultermuskeln sehen, während er einen Augenblick neben dem Bett stehenblieb, um sein Glied zu massieren, bevor er sich auf Bianca legte und in sie eindrang. Jade beobachtete, wie sich seine Hinterbacken rhythmisch zusammenzogen und stellte sich vor, das Gewicht seines Körpers auf ihrem zu fühlen, während sie sah, wie Bianca ihre Beine um den Brustkorb des Partners klammerte. So hielten sich beide fest umschlungen, waren eins geworden und bewegten sich im gleichen Rhythmus.

Jade war dankbar, einen Augenblick erleben zu dürfen, in dem Bianca mit Roland allein war und zärtlich, sanft und hingebungsvoll wurde. In diesem Gefühl hob sie ihren Rock, um sich auch zu liebkosen und auf diese Weise die Lust des Liebespaars zu teilen.

Die beiden wechselten die Stellung. Bianca kniete sich über Roland und ließ sich rittlings auf ihm nieder. Ihre Schultern und Hinterbacken bebten bei jedem Stoß ihres Partners, der sein Becken gegen sie drückte und dabei mit den Händen ihre Brüste massierte. Jade sah, wie sich seine Finger um ihre Brustwarzen legten, sie sah sein angespanntes Gesicht, seine halbgeöffneten Lippen, die Falten auf seiner Stirn ... es war, als sei sie selbst an Biancas Stelle, halb sitzend auf seinem Glied. Sie streichelte ihre Brüste und stellte sich vor, es seien Rolands Hände.

Bianca bewegte sich jetzt immer schneller, und auch Jade beschleunigte das Hin und Her ihres Zeigefingers auf ihrer Klitoris. ‹Gleich werden wir beide kommen, durch den Mann, den ich liebe, durch sein Glied ...› dachte Jade. Biancas Körper bog sich jetzt in weiten Schwüngen, die immer langsamer wurden, bis sie plötzlich erstarrte und wie erschlagen auf dem Bauch ihres Geliebten zusammensank, während auch Jade sich ganz dem Orgasmus hingab, der von ihrem Schoß ausging und ihren ganzen Körper erfaßte.

Roland legte nun Bianca auf den Bauch, umklammerte ihre Hüften und nahm sie von hinten. Jade bedauerte, daß sie nichts von den Geräuschen hören konnte, denn am liebsten hätte sie sich nicht das leiseste Flehen, das kleinste Stöhnen entgehen lassen.

«Ich bin es, in mir bist du!» schrie sie in den Bildschirm und steckte sich den Finger zwischen die Hinterbacken. «Mich wirst du vollspritzen mit deinem Sperma!»

Aber sie mußte sich mit dem Anblick von Rolands Gesicht begnügen und zusehen, wie er sich nach dem Erguß mit einem Ausdruck völligen Entrücktseins aufs Bett fallen ließ.

‹Was für eine lange, gemeinsame Vergangenheit sie haben›, dachte Jade. ‹Sie müssen Tausende von Malen miteinander geschlafen haben ...›

Nun wollte sie alles wissen über dieses Paar, griff aufs Geratewohl nach einer der Kassetten und schob sie in den Recorder. Bianca erschien darauf in einem schwarzen, enganliegenden, im Schritt offenen Body, und ließ es sich von einer sehr dünnen kleinen Blondine mit dem Mund machen. Auf dem nächsten Band verabreichte sie einem großen rothaarigen Mann mit sommersprossiger Haut eine ausgiebige Fellatio. Eine andere Kassette zeigte sie nackt auf einem mit schwarzem Satin bezogenen Bett, zusammen mit Olga und einem anderen Mädchen.

Rolands gesamtes Archiv zeigte Bianca mit Hunderten von wechselnden Partnern, aber nie mit ihm. Ihre gemeinsame Vergangenheit gehörte offenbar nur ihnen selbst. ‹Und was ist mit mir?› überlegte Jade. ‹Gibt es etwas zwischen uns, das er vor der Öffentlichkeit schützen will oder soll alles für jeden zugänglich sein? Was habe ich von ihm, was nicht auch anderen zur Verfügung steht?› Es war nicht so, daß es ihr mißfiel, Roland mit anderen Frauen zu teilen und selbst die Freiheit zu haben, es mit ihm oder mit anderen zu treiben – aber trotzdem wünschte sie sich, die Nummer Eins zu sein, die Lieblingsfrau in seinem Harem.

Ihre eigene Freiheit war ihr teuer, aber die von Roland machte ihr zu schaffen. Sie mußte sich immer alles erklären können und herausfinden, nach welchen Regeln die Dinge liefen. Was bedeutete sie für ihn? War sie seine Konkubine, seine Favoritin oder seine Muse ...? Hatte Bianca die Spitzenposition in der Hierarchie seiner Lüste? Wenn das der Fall war, mußte es ihr gelingen, sie von dieser Stelle zu verdrängen. Sie war in der Liebe genauso ehrgeizig wie beim Tanz. Schon als kleine Ballettratte wollte sie die erste sein, dann Primaballerina, sie mußte die Nummer Eins sein.

9. Kapitel

Auf den Knien rutschend, bohnerte Otilia den Zedernholzboden der Küche. Es roch nach Holz und Bienenwachs, und bei jeder Bewegung des Lappens hüpfte Otilias kleines Hinterteil auf und ab, hin und her. Der Ausschnitt ihres viel zu großen grauen Kleids klaffte auseinander und ließ ihren Jungmädchenbusen sehen. Von Zeit zu Zeit blickte sie von ihrer Arbeit hoch zu Alejandro, der gerade einen Wasserhahn reparierte, und runzelte mißbilligend die kindliche Stirn.

Der Grund dafür war Berit, die halbnackt um den Chauffeur herumstrich, nur mit einem engen T-Shirt bekleidet, das nicht ganz über ihren nackten Po reichte und ihre Brüste halb freiließ. Unter dem Vorwand, sich einen Tee kochen zu wollen, hatte sie Alejandro um die Taille gefaßt, um den Wasserkessel zu füllen, seine Hüften gestreift, um den Kessel auf den Herd zu setzen, und eben in diesem Moment stellte sie sich dicht neben ihn und stützte sich mit den Ellbogen auf den Ausguß, als sei sie völlig fasziniert von den Gummidichtungen, die er eben installierte.

Zornbebend erhob sich Otilia, um sich einen anderen Lappen zu holen. Berit hatte den Zugang zu dem Schränkchen, in dem sich das Gewünschte befand, mit ihren Beinen versperrt, und Otilia schob sie nun recht grob zur Seite, um die Tür öffnen zu können. Kaum hatte sie den Schrank wieder geschlossen, nahm Berit lässig wieder ihre alte Stellung ein und drückte ihren Schenkel gegen das Bein des Chauffeurs, der seine Arbeit unbeirrt fortsetzte.

Otilia zögerte nicht länger, ging ins Wohnzimmer zu Roland und flüsterte ihm etwas ins Ohr. Er ließ sofort den Katalog fallen, in dem er gerade etwas notiert hatte, und stürzte in die Küche.

«Komm einen Moment mit, Berit, ich habe etwas mit dir zu besprechen», sagte er in einem Ton, der keinen Widerspruch duldete.

Berit folgte ihm und ließ sich, mit etwas mürrischem Gesichtsausdruck, auf dem Diwan nieder.

«Ich weiß schon, was du sagen willst», verkündete sie. «Daß es nicht gut ist, Alejandro vor Otilias Augen zu verführen … Aber ich langweile mich so! Ich brauche ein bißchen Abwechslung, möchte ein paar Leute kennenlernen. Seit einer Woche leben wir wie hinter verschlossenen Türen. Das ist nicht das, was du mir mal versprochen hast.»

«Was würdest du denn zum Beispiel von einem Theaterbesuch in San José halten?» schlug Roland vor.

Berit stimmte mit einer Begeisterung zu, die Jade sehr verwunderte, denn sie hatte bislang keine besonderen kulturellen Interessen an der Skandinavierin entdecken können. Als sie, kurz darauf, Olga von dieser Überraschung berichtete, lachte die laut heraus:

«Was Berit gefällt ist nicht das Theater selbst, sondern das Publikum! Ein Bus oder ein Taxi ist ihr da genauso recht wie ein Theater oder ein Kino. Einmal, als wir im *Mas X Menos* von San Pedro waren, um Obst und Gemüse zu kaufen, hat sie eine lange, feste Salatgurke entdeckt und einfach nicht widerstehen können ... Wenn Leute um sie herum sind, gerät sie völlig aus dem Häuschen, kann sich nicht mehr beherrschen. Ich hab sie gewähren lassen, ich bin schließlich für sexuelle Freizügigkeit.»

«Was haben denn die Leute gemacht?»

«Das Übliche. Sie gucken verstohlen zu und tun so, als ob sie gar nichts gesehen hätten. Kennst du schon die Geschichte von diesem Schiff?»

«Nein, erzähl mal.»

«Also, das ist ein Dampfer, der nachts zwischen Oslo und Kopenhagen verkehrt und auf dem Roland gerade aus Norwegen zurückkam. Es tobte ein gewaltiger Sturm, und alle Passagiere hatten sich unter Deck geflüchtet – ausgenommen Berit und Roland, die auf der Brücke herumspazierten, weil sie beide sensationslüstern sind. Dort sind sie sich dann auch zum erstenmal begegnet. Festgeklammert an der Reling ließen sie sich von den Wellen bespritzen und den Wind um die Ohren sausen. Berit übrigens in einer schwarzen Regenhaut ... Sie wollte auf der Stelle, mitten im Unwetter, mit ihm vögeln, direkt vor der Kabinentür, aus der von Zeit zu Zeit ein seekranker Passagier auftauchte, die beiden sah und sofort wieder unter Deck verschwand. Schließlich ist nicht jeder als Voyeur geeignet.»

Sie starteten in einer Cessna vom Flughafen Liberia. Roland hielt die Maschine ziemlich niedrig, steuerte um die Berge und Vulkankegel herum und an den schönsten Stränden entlang, um seinen vier Begleiterinnen die Schönheiten der Landschaft zu zeigen.

Jade erinnerte sich an die Befürchtungen, die sie, vor wenigen Tagen erst, bei ihrem ersten Flug über dieses Land gehegt hatte. Inzwischen hatte sie keine Angst mehr, sie war im Gegenteil ungeduldig, erneut von ihrem Geliebten auf die Probe gestellt zu werden. Seit ihrer Ankunft in Costa Rica hatte sie sich bereits sehr verändert, trotzdem lag noch ein weiter Weg vor ihr, und er würde ihr helfen, ihn zu gehen.

Roland hatte im *Grand Hotel Costa Rica,* einem Gebäude im längst vergangenen Prunk des Kolonialstils, zwei nebeneinanderliegende Zimmer reserviert. Nach ihrer Ankunft zogen sie sich um und trafen sich dann wieder in der Hotelbar. Jade trug eine köngsblaue, in der Taille gegürtete Tunika mit hohen Seitenschlitzen, Berit einen Smoking aus schwarzem Satin, Bianca ein enges Kleid aus Rohseide und Olga ein orangefarbenes, kompliziert geschnittenes Ensemble, das alles verhüllte, was man ohne weiteres hätte sehen dürfen und dafür den Ansatz von Brust und Gesäß offenlegte. Roland trug einen hellen Anzug mit roter Krawatte, in dem seine breiten Schultern und sein dunkler Teint gut zur Geltung kamen.

Über einen kleinen Platz erreichten sie das Nationaltheater, eine Miniaturausgabe der Pariser Oper, in der an diesem Abend eine argentinische Schauspieltruppe mit einem Stück von Lorca gastierte. Ganz San José war gekommen. Die Damen, blitzend vor Juwelen und gekleidet nach der letzten Miami-Mode, begrüßten sich mit Hallo und Umarmungen, die Männer mit freundschaftlichem Schulterklopfen. Jeder schien jeden zu kennen. Inmitten einer der fröhlich lärmenden Gruppen glaubte Jade ihren Abgeordneten zu erkennen, in Begleitung einer hübschen jungen Frau mit einem lauten Lachen.

Als jedoch Roland mit seinen vier Frauen das Foyer betrat, richteten sich aller Augen auf sie. Vor allem Berit zog die allgemeine Aufmerksamkeit auf sich. Mit ihrer Größe, ihrem fast flachen Busen, ihrem kurzen Haarschnitt und der Herrenkleidung hatte sie etwas von dem lasziven Reiz eines Hermaphroditen und schockierte die vornehme Gesellschaft von Costa Rica. Als sie an einer der Gruppen vorbeiging, fragte ein großer, schlanker Mann mit dunklem, krausem Haar seinen Begleiter, bewußt laut, ob er etwas für Homosexuelle übrig hätte.

«Te gustan los maricónes?»

Berit verstand sehr wohl, was das Wort *maricón* bedeutete. Gemeinsam mit den anderen ging sie weiter zu ihrer Loge, und dann hob sich auch schon der Vorhang. Während das spanische Stück seinen Lauf nahm, lehnte sich Berit über die Logenbrüstung und hatte mehr Augen für das Publikum als für die Vorführung. Von einer der benachbarten Logen aus fixierte sie der Mann aus dem Foyer. Berit flüsterte Roland ein paar Worte ins Ohr, und als er nickte, schlich sie sich leise aus der Loge.

Wenige Minuten später sah Jade sie wieder hinter dem großen, dunkelhaarigen Mann auftauchen. Er drehte sich überrascht um, erhob sich und forderte Berit auf, Platz zu nehmen. Aber sie schüttelte nur den Kopf, wie ein eigensinniges, ungezogenes Kind, knöpfte sehr langsam ihre Smokingjacke auf und warf sie zu Boden. Dann legte sie ihre Fliege ab, hakte seelenruhig ihr Jabot auf und entblößte ihren Busen, weißschimmernd im Dämmerlicht der Loge. Der Kraushaarige versuchte sie zurückzuschieben in das tiefe Dunkel vor der Tür, aber Berit blieb stehen, wo sie war.

Rundherum hatte man längst die Operngläser gezückt, um den weiteren Verlauf des Zwischenfalls zu verfolgen. Nun sah man, wie Berit ihre Hose öffnete, nach der Hand des Mannes griff und sie zwischen ihre Schenkel legte, und niemand bezweifelte, daß sie ihm damit den unwiderleglichen Beweis über ihre tatsächliche sexuelle Beschaffenheit liefern wollte. Aber es gelang dem Mann, Berit zu verdecken und ihren Blicken zu entziehen. Beide Körper verschmolzen im Schatten der Loge.

In der Pause tauchte Berit wieder bei ihren Freunden auf und stellte ihnen ihre neue Eroberung vor. Er hieß Pedro, war ein Bankier aus Kolumbien und nahm in Costa Rica an einer Konferenz teil. Berit schmiegte sich an ihn und versuchte immer wieder, ihre Hand in seine Hose zu stecken, aber jedesmal zog er sie wieder verlegen heraus – ein Hin und Her, das aussah wie der gewollte Gag eines Boulevardtheaters.

Als sich der Vorhang wieder hob, wollte Pedro zurück in seine Loge, aber Berit überredete ihn zum Dableiben, gab ihm ihren Platz in der vordersten Reihe und setzte sich zwischen ihn und Bianca auf den Boden. Sie streckte ihren langen Arm zwischen Pedros Knie, um seinen Hosenschlitz zu öffnen, aber er wehrte sich erbittert, bis der Zuschauer aus der Nachbarloge sich über den Lärm beschwerte und ihm bedeutete, sich ruhig zu verhalten. Berit machte sich Pedros Verlegenheit zunutze und zog sein steifes Glied heraus, worauf Pedro sich vorbeugte, um wenigstens diese peinliche Erektion zu verbergen, und verschreckt in alle Richtungen schaute, um sich zu vergewissern, daß ihn auch niemand so sah.

Berit griff nach Biancas Hand und legte sie auf Pedros Glied. Biancas Finger schlossen sich um den Schaft und begannen sich schnell auf und ab zu bewegen, worauf Berit das Kleid der Freundin bis zu den Schenkeln hochschob und ihren nackten Schoß entblößte.

«Schau nur», forderte sie Pedro auf, «sie hat keinen Slip

an. Möchtest du sie nicht streicheln, während sie dich masturbiert? Tu es ruhig, wenn dir danach ist. Wir haben hier alle Lust, etwas zu sehen.»

Pedro antwortete nicht. Die Situation überstieg sein Begriffsvermögen, aber er war viel zu erregt, um noch in der Lage zu sein, sich gegen Biancas Hand zu wehren, die an seinem Glied auf und ab glitt. Schließlich faßte er Mut und berührte vorsichtig ihre offenen Schamlippen.

«O ja!» stöhnte Bianca. «Das ist gut! Mach weiter!»

Sie bückte sich über den Penis des Bankiers und saugte ihn tief in ihren Mund. Die Gesichtszüge des Mannes wurden schlaff, sein Atem schneller, und schon ergoß er sich in den Mund der jungen Frau. Ohne sich weiter um Bianca zu kümmern, brachte er unverzüglich seine Kleidung wieder in Ordnung und tat bis zum Ende der Aufführung so, als sei er völlig vertieft in Lorcas Stück. Dieses nach außen flegelhafte Betragen war in Wirklichkeit Ausdruck größter Verlegenheit.

Als dann die Lichter im Saal wieder angingen, blieb ihm nichts anderes übrig, als sich der Situation zu stellen. Da ihn alle ganz freundschaftlich behandelten und Roland ihn sogar einlud, den Rest des Abends mit ihnen zu verbringen, schlug Pedro vor, in ein nahe gelegenes Tanzlokal mit dem Namen *Salsa 54* zu gehen.

In dem großen Saal stand das Publikum dichtgedrängt um die Tanzfläche, auf der jedoch genügend Platz blieb, daß sich die Tänzer frei und ungezwungen bewegen konnten, ohne sich gegenseitig zu behindern. Auf hohen Absätzen, in enganliegenden, hochgeschlitzten Röcken und offenherzigen Spitzenkorsagen, die Lider blau umschattet und die Lippen blutrot geschminkt, wiegten sich die Damen aufreizend vor ihren Tanzpartnern, die stolz die Hemdbrust wölbten, sich mit engen Hosen und frischgewichsten Schuhen herausgeputzt hatten, das jeweilige Objekt ihrer Begierde unverhohlen anstarrten und von Zeit zu Zeit an sich drückten, damit es den starken Druck ihrer Arme zu spüren bekam.

Jade nahm Pedro bei der Hand und zog ihn auf die Tanzfläche. Sie paßte sich ohne Mühe der lateinamerikanischen Musik an, gab sich ganz deren Rhythmus hin, wölbte das Becken und wiegte die Hüften, wie es die anderen Frauen taten, doch statt sich, wie diese, auf Distanz zu halten, preßte sie ihren Körper an Pedro. Unter der Bewegung ihrer schmalen Schenkel klaffte ihr geschlitztes Kleid weit auseinander, ihr langes Haar flog über die Hände, die ihren Rücken hielten, ihre Hüften kreisten und schwangen in einem so perfekten Rhythmus, daß die anderen Tänzer bald stehenblieben, einen Kreis um sie bildeten und ihr zusahen.

Von ihrem Publikum stimuliert, ließ sie mehr und mehr die ganze Sinnlichkeit ihres Körpers heraus, und jetzt war sie es, die die Führung bei diesem Tanz übernahm. Wie unter Hypnose paßte sich Pedro ihren Bewegungen an, spürte den Druck ihres Schoßes gegen sein Becken, der vor Lust und Freude am Rhythmus vibrierte. Einmal machte sie einen größeren Schritt als sonst, so daß der Schlitz ihrer Tunika aufriß und sie bis zur Taille entblößte, aber sie tanzte immer weiter, selbstvergessen und ohne noch auf die anderen zu achten, wirbelte sie herum und zwang den traditionellen Rhythmen der Salsa den ganz persönlichen Ausdruck ihrer eigenen Sinnlichkeit auf. Mal lehnte sie sich hingegeben an Pedros Schulter, mal umkreiste sie ihn mit lockenden Bewegungen, daß ihm ganz schwindlig wurde und er die Arme haltsuchend nach ihr ausstreckte.

Als die Band eine Pause einlegte, wandte sich das Publikum zu Jade und applaudierte. Sie bedankte sich und wartete auf den nächsten Tanz, zu dem sie gleich von zwei Männern eingeladen wurde, die offenbar beide etwas zuviel Rum genossen hatten. Jeder der beiden griff sich einen ihrer Arme und versuchte, die Hand um ihre Taille zu legen. Jade gefiel das Gefühl dieser fremden Hände auf ihrem Körper, und sie hätte nach Möglichkeit gerne mit beiden getanzt, aber die Costaricaner waren da anderer Ansicht. Ohne Jade loszulassen, begannen sie, das Duell mit Fäusten zu regeln, bis Pedro und Roland dazwischentraten, Jade befreiten und das allgemeine Durcheinander zum Aufbruch nutzten.

Olga, Berit und Bianca hatten draußen gewartet, unter den lüsternen Blicken zweier unternehmungslustiger Jünglinge.

«Wollen wir sie mitnehmen?» fragte Olga.

Die beiden jungen Männer begriffen sofort, daß von ihnen die Rede war und kamen näher, so aufgeregt, daß sie albern grinsten und sich mit den Ellbogen anstießen. Pedro warf ihnen einen strengen Blick zu, offensichtlich beunruhigt von dieser unerwarteten Konkurrenz, wagte aber nicht zu protestieren, als die Frauen ihre jugendlichen Bewunderer in die Mitte nahmen.

Sie waren noch nicht ganz in ihrem Hotelzimmer, als Berit die beiden Jünglinge bereits in eine Ecke schob, sich vor sie hinstellte und sich langsam auszog. Pedro, der allmählich die geheimen Regeln seiner neuen Bekannten begriff, folgte deren Beispiel, setzte sich auf den Boden und schaute zu.

Berit, inzwischen nackt, drängte sich gegen den aufgeweckteren der beiden Knaben und küßte ihn feurig. Der Jüngling, der sich bereits für den Auserwählten hielt, legte stolz seine Arme um sie, als sie ihn wieder losließ und sich seinem mit hängenden Armen dastehenden Freund zuwandte, sich gegen ihn drückte, ihren Schenkel zwischen seine Beine schob und an seine Hoden preßte.

Der erste der beiden Knaben machte nun, offensichtlich beleidigt, Anstalten zu gehen, aber Berit rief ihn zurück, in einem Ton, der keinen Widerspruch duldete. Scheinbar zögernd ging er auf Berit zu, die ihn jetzt neben seinen Freund zog und beide zugleich umarmte. Während die jungen Männer sie mit ihren unerfahrenen Händen zu betasten begannen, öffnete Berit ihre Reißverschlüsse und befreite ihre Geschlechtsteile aus den zu eng gewordenen Hosen. Sie nahm die erigierten Glieder in die Hand, rieb sie mit den Eicheln aneinander und packte dann beide zusammen, um sie gleichzeitig massieren zu können. Schließlich brachte sie die beiden dazu, selbst Hand an sich zu legen. Die Knaben waren zu erregt, um noch protestieren zu können, und masturbierten sich gegenseitig, während Berit ihnen jeweils einen Finger zwischen ihre kleinen, straffen Hinterbacken steckte.

Die beiden Freunde hatten sich sehr schnell zum Erguß gebracht, und Berit war enttäuscht. Sie ließ von ihnen ab und wandte sich Pedro zu, der sie sofort auf den Boden warf und so heftig nahm, daß sie bei jedem Stoß seines Beckens ein Stück weiter nach hinten rutschte, bis sie schließlich gegen die Wand gezwängt wurde.

Einigermaßen aus der Fassung gebracht, waren die jungen Männer schon auf der Türschwelle, als Olga sie zurückholte und zum Bett führte, wo sie sich zwischen die beiden legte und jedem eine ihrer großen Brüste anbot. Sie stürzten sich darauf wie zwei völlig ausgehungerte Säuglinge.

Roland nahm seine Kamera aus der Tasche und machte mehrere Aufnahmen von Olga, von den Mündern, die an ihren Brüsten saugten, von ihren weit gespreizten, drallen Schenkeln, wo die Finger der beiden jungen Männer in ihrer Vulva wühlten.

Nach einem weiteren Orgasmus hatten die beiden Knaben wenige Minuten später schon wieder eine Erektion, und Roland befahl Jade und Bianca, den beiden Erleichterung zu verschaffen. Bereitwillig postierten sie sich zu beiden Seiten des Bettes und jede nahm ein steifes Glied in die Hand.

Jade gab sich besondere Mühe. Der junge Mann, den sie masturbierte, sollte möglichst viel Lust empfinden, denn schließlich hatte auch er ein Recht darauf, die Wonnen zu erfahren, die darin lagen, sich zu zeigen und sich gehenzulassen. Sie betrachtete diese Zeremonie als eine Art Taufe, die den Jüngling dazu bringen würde, die Frauen zu lieben, und sie, Jade, war die Hohepriesterin der Religion, mit deren Riten sie diesen neuen Jünger vertraut machen mußte.

Sie beugte sich über ihren Novizen und saugte an seinem rosigen Schaft, bis er all seinen Saft hergegeben hatte.

10. Kapitel

Jade war froh, wieder auf der *Finca Verde* zu sein, am Meer. Langsam ging sie in das laue Wasser, das so warm war, daß sie es kaum an ihren Beinen spürte, und so klar, daß sie im sandigen Grund ihre Zehen sehen konnte und die lackierten Nägel, perlmuttfarben wie die Muscheln rundum. Ihre Zehen schienen einer anderen zu gehören, einer Zwillingsschwester, die nie von ihrer Seite wich, alle ihre Freuden teilte und deren Hände zärtlich waren wie die Wellen, die gegen ihre Schenkel plätscherten und so angenehm zwischen den Beinen kitzelten.

Sie schwamm weit hinaus. Ihre Schwester streichelte ihre Brüste, floß um ihre Arme, fuhr sacht über ihren Bauch, und Jade wälzte sich in diesen Berührungen, überließ ihren Körper ganz den sanften, lauen Händen des Meeres.

Als sie ans Ufer zurückschwamm, meinte sie, am anderen Ende der Bucht die Gestalt eines Mannes zu sehen. Sie achtete nicht weiter darauf. Der Strand war zwar öffentlich, aber so schwer zugänglich, daß sie bisher nur die bekannten Gesichter hier gesehen hatte. Sie schüttelte das Wasser ab. Die nassen Haare klebten an ihrem Leib und gaben ihr das Aussehen einer Meerjungfrau, das salzige Wasser perlte über ihren nackten Busen, sammelte sich in schillernden Tropfen an den Brustspitzen und rann langsam über ihren flachen Bauch, hinab zu ihrem rasierten Schamhügel.

Sie machte sich auf den Rückweg in ihr Zimmer, um dort allein zu sein mit ihrer Vorstellung von ihrer Schwester im Meer. Lange stand sie unter der Dusche und sprach mit ihrer unsichtbaren Gefährtin:

«Wasch mich, Schwesterchen. Laß die Seife schön schäumen auf meinen Brüsten und reib mich gut ein zwischen den Beinen. Ich werde dich auch tüchtig einseifen. Ich werde deine Schamlippen öffnen und dazwischen gehen, damit deine kleine Katze schön sauber ist, wenn ich dich gleich lieben werde. Mach mit mir alles, was ich mit dir mache. Du brauchst dich nicht zu schämen, es ist völlig normal, wenn sich zwei Schwestern gegenseitig verwöhnen. Möchtest du es mir vielleicht mit dem Duschkopf besorgen. Dann mußt du mit dem Strahl immer schön rund um meinen Knopf gehen ... Nicht zu fest ... Ja, so, so ist es gut ...»

Ein Krampf durchfuhr ihren Körper und ließ ihre Scheide sekundenlang zucken. Noch halb benommen, stellte sie die Dusche ab, griff nach ihrem Handtuch und trocknete sich langsam ab.

Sie hatte Lust, sich zu betrachten, mit diesen immer noch steifen, steilen Brustwarzen, in diesem Zustand nach dem Orgasmus, in dem sie sonst nur ein Liebespartner sah, und trat näher an den Toilettenschrank, in dem sich durch die offene Tür das Schlafzimmerfenster widerspiegelte. Jades Blick begegnete den blauen Augen eines Mannes, der sie von draußen beobachtete.

Sie empfand keine Angst beim Anblick des Unbekannten, sondern war im Gegenteil aufs neue erregt bei der Vorstellung, daß er ihr heimlich zugesehen hatte bei ihrem Spiel mit der Dusche. Sie ging zu ihrem Bett und streckte sich darauf aus, direkt vor den Augen ihres stillen Beobachters. Welche

Wonne, sich noch einmal anzufassen, nur für ihn! Sie drehte sich ihm zu und bog ihre Beine noch weiter auseinander, damit er genau sehen konnte, was sie mit ihrem Finger machte.

«Was tust du? Faßt du dich auch an?» flüsterte sie dem Mann auf englisch zu. «Komm rein, ich will es sehen.»

Der Mann ging um den Bungalow herum und trat ein. Er war groß und blond. Seine mit sonnengebleichten Haaren bedeckte Hand fuhr auf und ab an seinem steifen Glied.

«Komm näher», befahl Jade und beschleunigte das Reiben ihres Fingers.

Der Mann kniete sich neben das Bett, sein Glied in Jades Augenhöhe.

«Willst du ihn in den Mund nehmen?» fragte er mit einem stark amerikanischen Akzent.

«Nein», antwortete Jade, «bleib da neben mir und mach weiter. Keiner faßt den anderen an, das ist streng verboten.»

Als der Mann ejakulierte, spritzte sein Sperma in einem Strahl auf Jades Brust. Sie nahm es, schmierte es zwischen ihre Beine, immer wieder, bis zum Orgasmus. Der Mann hatte sie nicht aus den Augen gelassen.

«Ich habe dich schon ein paarmal mit dem Fernglas beobachtet», gestand der Amerikaner und setzte sich zu ihr aufs Bett. «Du bist die aufregendste von den Mädchen hier. Deine Art zu gehen, die Haare zu schütteln, wenn du aus dem Wasser kommst, dein Körper, so schlank und trotzdem schön rund ... Und jetzt, wo ich dich von nahem sehe, dein Gesicht, deine grünen Augen ... Darf ich dich jetzt anfassen?»

«Nein, ich mag nicht», antwortete Jade, leicht kapriziös. Aus Gründen, die ihr selbst nicht ganz klar waren, machte es ihr Spaß, mit der Begierde dieses Unbekannten zu spielen. Sein Glied war noch immer steif und wartete sicher nur darauf, ein wenig ermuntert zu werden, um erneut sein Bestes von sich zu geben.

Jade rekelte sich genüßlich, wölbte ihren Busen, streckte ihren Bauch und verkündete:

«Ich werde mich jetzt waschen. Wenn du magst, kannst du mir den Rücken einseifen.»

Er folgte ihr ins Badezimmer und widmete sich seiner Aufgabe, wobei die Seife mehrmals zwischen Jades Hinterteil rutschte und sie ihn jedesmal mit einem kleinen Klaps auf den Arm zur Ordnung rief. Noch immer verbot sie ihm, sie zu streicheln, während sie ihn gleichzeitig provozierte, indem sie sich wollüstig unter der Dusche bog und wand.

Plötzlich riß der Amerikaner sie an sich, hob sie hoch, trug sie aus dem Badezimmer und warf sie, naß, wie sie war, auf das Bett. Dann spreizte er ihre Beine auseinander und drang in sie ein.

«Laß mich los!» schrie sie, um ihn noch mehr zu reizen.

Das Glied des Amerikaners war so lang, daß es ihm nicht glückte, es ganz in Jades Scheide zu stecken. Er umspannte also die Wurzel mit seiner Hand und Jade fühlte, wie seine dicken, kräftigen Finger auf ihre Vulva hämmerten. Sie hob ihr Becken und legte ihre Beine um seinen Hals. In dieser Position konnte er tiefer in sie eindringen, und Jade hatte das Gefühl, daß er ihren ganzen Bauch ausfüllte.

Die Zähne zusammengebissen und die Augen vor Anstrengung zugepreßt, schien der Mann nur mit dem eigenen Vergnügen beschäftigt zu sein. Unter seinen Händen war Jade nichts weiter als ein Spielzeug.

Trotzdem gefiel ihr das rein Mechanische dieser Umarmung. Sie gehörte diesem Mann nicht, und sie schuldete ihm nichts. Beim nächstenmal konnte sie ihm ebensogut die Tür weisen, aber für den Augenblick gab ihr dieser große, ein wenig fette Leib einen körperlichen Genuß, in den sie sich irgendwie gar nicht einbezogen fühlte. Ohne daß sie daran gedacht hatte überkam sie der Höhepunkt, eine Lösung der Spannung, ein leichter Orgasmus, der sie nicht besinnungslos machte, sondern nur beruhigte. ‹Angenehm, mit einem Mann zu schlafen, den man nicht liebt›, dachte Jade, während sie gleichgültig zusah, wie sich der Amerikaner vom Bett erhob.

Sie erzählte den anderen nichts von ihrem Abenteuer, als sie sich abends zum Essen trafen, sie genoß dieses kleine Geheimnis, das ihr ein Gefühl von Schuld und von Macht zugleich vermittelte und auf diese Weise einem unbedeutenden Ereignis einen Hauch von Größe verlieh.

Roland schien sie während des Essens mit einem leicht ironischen Gesichtsausdruck zu beobachten. Ob er wohl die Kamera in ihrem Zimmer hatte laufen lassen? Aber auch wenn dem so war und er alles gesehen hatte – sie war entschlossen, nichts zu sagen, und zwar weniger aus Trotz als aus Neugier. Wie weit würde Roland wohl gehen, wenn er sie für ungehorsam hielt?

Sie brauchte nicht lange auf die Antwort zu warten.

«Ich habe Peter Dickinson aus deinem Bungalow kommen sehen», verkündete Bianca, während Olga den Tisch abräumte.

Peter Dickinson hieß er also ... dieser Mann hatte ihr offenbar so wenig bedeutet, daß sie ihn nicht einmal nach seinem Namen gefragt hatte!

«Er ist nicht besonders beliebt bei uns», fügte Roland hinzu. «Ein Mann, der alles nimmt und nichts gibt ... Hast du mit ihm geschlafen?»

«Nein», log Jade, mit einer Sicherheit, die sie selbst überraschte, und kam sich vor wie ein kleines Mädchen, das man beim Naschen ertappt hat.

«Aber ja», sagte Roland. «Unsere kleine Jade hat also gleich zwei Regeln gebrochen. Erstens hat sie sich an einen Mann verschenkt, den wir auf den Index gesetzt haben; zweitens weigert sie sich, das zuzugeben. Welche Strafe sollen wir ihr also auferlegen?»

Bianca lächelte geheimnisvoll.

«Sie hat versucht, sich zu verstecken, damit wir nicht an ihrem Vergnügen teilhaben. Machen wir's doch mit ihr genauso. Wir führen ihr etwas vor und werden ihr nicht erlauben, sich zu beteiligen.»

«Sehr gut», stimmte Olga ihr zu. «Aber sie hat zwei Fehler gemacht, folglich muß sie auch doppelt bestraft werden.»

«Nun, dann soll sie Tina, die Frau von Dickinson, zu uns bringen», schlug Berit vor.

«Hervorragende Idee», meldete sich Bianca wieder, «aber die erste Strafe wollen wir ihr gleich verabreichen.»

Roland forderte Jade auf, sich zu entkleiden. Als sie nackt war, führte er sie in eine Zimmerecke vor eine hohe Yucca, zog seinen Gürtel ab, band ihn um Jades Taille und fesselte sie an den Stamm der Palme. Bianca löste den Schal, mit dem sie ihr Haar zurückgebunden hatte, und band die Hände der Übeltäterin auf den Rücken, während Olga ihre Serviette diagonal faltete und um die Knöchel der Freundin schnürte.

Zur Regungslosigkeit verdammt, mußte Jade ohnmächtig zusehen, wie sich ihre Freunde vor ihr auszogen und Roland sein erigiertes Glied in die Hand nahm. Es war schön, und Jade sehnte sich danach, es in ihrem Schoß zu fühlen.

Statt dessen mußte sie zuschauen, wie Roland es ganz langsam in Olga bohrte, die sich mit den Ellbogen auf den Tisch gestützt hatte und ihm ihr Hinterteil entgegenstreckte. Sie gab einen schwachen Schmerzenslaut von sich, aber ihre Mimik und ihr Hüftschwenken verrieten, welche lustvollen Gefühle Rolands steifer Penis in ihr auslöste. Wie gerne wäre Jade an Olgas Stelle gewesen! Zwischen ihren Hinterbacken spürte sie das rauhe Holz des Palmenstamms und stellte sich vor, es sei das Glied, das da vor ihren Augen in Olga eindrang.

Bianca hatte sich hinter Roland gekniet und die Zunge in seine Furche gesteckt. Während sie ihn leckte, rieb sie ihre

Brüste an seinen Schenkeln und streichelte ihre Klitoris. Roland bebte vor Lust zwischen diesen beiden Frauen.

Eifersüchtig fragte sich Jade, ob sie ihm wohl ebensoviel Lust geben könnte wie seine beiden Gespielinnen, und sie war fast erleichtert, als Berit Bianca nach hinten auf den Boden zog und sich – offenbar entschlossen, auch ihren Teil aus diesem Fest zu ziehen – auf sie legte und sich mit ihr über den Boden rollte bis unter die Yucca-Palme. Da lagen die beiden Frauen zu ihren Füßen, Jade konnte ihr Parfum riechen und ihren keuchenden Atem hören. Die weiße, mit hellem Flaum bewachsene Haut der Skandinavierin bildete einen starken Kontrast zu Biancas glattem bernsteinfarbenem Körper, aber es war dasselbe Verlangen, das ihre Brüste schwellen und ihre Klitoris hart werden ließ, ein Verlangen, das noch gesteigert wurde durch die ohnmächtige Lust von Jade, die ihnen schwach und tatenlos zusehen mußte.

Sie sah, wie sich Berit zwischen Biancas Beine hockte und deren offene Schamlippen küßte, wobei sie ihren kleinen, straffen Hintern so aufreizend in die Luft streckte, daß Jade sich wünschte, ihn beben zu sehen unter ihren Küssen. Von allen drei Frauen hier begehrte sie Berit, die sich immer so kühl gab, am meisten, und sie träumte davon, sie aus der Fassung zu bringen, sie so zu erregen, daß sie die Beherrschung verlor und sie anflehte, sie zum Höhepunkt zu bringen.

Olga und Roland gesellten sich jetzt zu den beiden, und Roland erfüllte Jades heimliche Wünsche, indem er Berit bei den Hüften packte, sich in ihre Scheide gleiten ließ und ihr mit seinen Stößen so viel Vergnügen bereitete, daß sie mit lustverzerrtem Gesicht und zitternden Gliedern die Augen schloß und stöhnte, während sie mit halbgeöffnetem Mund Biancas Spalte leckte.

Olga hatte sich derweil neben Bianca gelegt und begonnen, deren Brüste zu streicheln. Mit ihren langen karminroten Fingernägeln kreiste sie um die prallen Warzenhöfe und zwickte so zart an den Mamillen, daß sich Bianca unter dieser Liebkosung aufbäumte und ihre Vulva noch fester gegen Berits Lippen preßte.

«Und was ist mit mir?» beklagte sich Olga.

Biancas Hand verschwand zwischen den drallen Schenkeln der Peruanerin und stieß auf eine harte und geradezu riesige Klitoris, die sie nun fest zwischen die Finger nahm und massierte, als habe sie einen Miniatur-Penis in der Hand.

Dieses komplizierte Spiel zu viert, bei dem jeder seinen Anteil an Lust bekam und dem anderen gab, empfand Jade, die davon ausgeschlossen war, als eine Art sanfter Tortur, einen Entzug, der sie in eine so heftige Erregung versetzte, daß der kleinste Druck auf ihr Geschlecht genügt hätte, einen Orgasmus auszulösen. Aber soviel sie sich auch drehte und wand, der Knoten des Schals ließ sich nicht lösen. Mit den Händen konnte sie sich also keine Befriedigung verschaffen, deshalb spannte sie die Muskeln ihrer Schenkel an und zog sie mehrmals so fest zusammen, daß sie den Orgasmus bereits kommen fühlte.

«Sie schummelt!» rief Olga, die alles gesehen hatte, stand auf, zog ihre Beine auseinander und band die Knöchel in einigem Abstand voneinander an den Füßen zweier schwerer Sessel fest. Jade nahm ihr diese Behandlung sehr übel, sie haßte Olga geradezu, denn ihr Schoß brannte vor Verlangen. Aber erst als alle anderen mit ihren Liebesspielen fertig waren, wurde sie befreit, und selbst da verbot ihr Roland noch, sich zu befriedigen.

«Sie darf so lange nicht kommen, bis sie uns Tina gebracht hat», erklärte Berit.

Jade nahm die Herausforderung an.

11. Kapitel

Alejandro wurde damit beauftragt, das Kommen und Gehen des Amerikaners auszukundschaften, und als er schließlich die Nachricht überbrachte, daß Dickinsons Land Rover die Straße nach Liberia eingeschlagen hatte, sattelte Roland seine Stute, rief nach Jade und beschrieb ihr den Weg zum Haus des ungeliebten Nachbarn.

Zum erstenmal war Jade allein zu Pferd unterwegs. Sie ritt am Strand entlang, an dessen Ende sie zwischen dem Buschwerk einen schmalen Pfad entdeckte, der zu einer unbewohnten Bucht führte. Der grobe, steinige Sand war durchfurcht mit tiefen, seltsamen Spuren, die offenbar von den Riesenschildkröten herrührten, die zu dieser Jahreszeit bei Nacht in die menschenleere Bucht kamen, um dort ihre Eier abzulegen. Jade fühlte sich zurückversetzt in längst vergangene Zeiten, da die Erde noch den Echsen und Reptilien gehört hatte.

Am anderen Ende der Bucht thronte auf den Dünen ein Holzhaus. Jade trabte langsam darauf zu, bis sie vor der Tür angelangt war. Oben auf der Terrasse hängte ein Mädchen mit krausem rotem Haar und einem langen, altmodisch geblümten Kleid eben die Wäsche auf. Sie lehnte sich über die Balustrade und lächelte zu Jade hinunter.

«Ein schönes Pferd», sagte sie. «Kommen Sie von der *Finca Verde*?»

«Ja», antwortete Jade. «Sind Sie Tina? Sie sollten uns einmal besuchen.»

«Ich bin ziemlich schüchtern und besuche eigentlich nie irgend jemanden.»

«Leben Sie hier oder verbringen Sie hier nur Ihre Ferien?»

«Das weiß ich selbst nicht so genau. Ich bin schon seit Monaten auf dem Absprung ... Aber kommen Sie doch herein, ich habe gerade ein *refresco* gemacht.»

Das Haus bestand offenbar nur aus zwei Räumen, einer kombinierten Wohnküche, in der sich Jade gerade befand, und einem Schlafzimmer, das sie durch die halboffene Tür sehen konnte. Sie setzte sich in einen kleinen Schaukelstuhl mit geschnitzter Lehne.

«Fühlen Sie sich denn nicht wohl hier?» fragte sie.

Das Mädchen lächelte wieder. Ihr Gesicht war voller Sommersprossen und ihre Augen hatten ein milchiges Blau. ‹Sie hat ein bißchen Ähnlichkeit mit Mylène›, dachte Jade in einem Anflug von Heimweh.

«Ich lebe hier mit meinem Freund, aber er läßt mich dauernd allein, und ich langweile mich so schrecklich.»

«Dann kommen Sie doch einfach zur *Finca*», sagte Jade, «Sie sind uns jederzeit willkommen.»

«Peter will das nicht. Außerdem trau ich mich nicht ...»

«Nun, dann gehen wir eben zusammen. Ich nehme Sie einfach mit.»

«Nein, unmöglich, das geht nicht!» antwortete das Mädchen. Sie sah dabei aus wie eine verängstigte Katze und machte sich ganz klein in ihrem Stuhl, als ob sie Schutz suchte.

«Sind Sie Amerikanerin?» fragte Jade.

«Nein, Engländerin. Und Sie?»

«Französin und Vietnamesin, halb und halb.»

«Sie sind sehr schön», seufzte das Mädchen.

«Oh, Sie sehen auch nicht übel aus», log Jade, denn unter dem weiten Kleid war von Tinas Figur nichts zu erkennen, «aber Sie sollten vielleicht doch Sachen tragen, die etwas besser sitzen ...»

«Ich habe nicht viel zum Anziehen. Ich gehe ja auch nie aus.»

«Wissen Sie was ... ich habe eine Idee. Sie kommen mit zu mir, und dann sehen wir einmal, ob ich Ihnen nicht etwas Passendes leihen kann.»

«Aber das ist doch gar nicht nötig. Wozu denn?»

«Um schön zu sein, das ist alles. Damit Sie sich selbst gefallen – und Ihrem Freund ...»

«Er wird heute abend gar nicht nach Hause kommen.»

«Ein Grund mehr, mitzukommen und den Abend mit uns zu verbringen.»

Nach einem kurzen Zögern willigte sie endlich ein, stieg nach hinten aufs Pferd und legte ihre Arme um Jades Taille, um sich an ihr festzuhalten. Jade spürte die sanfte Wärme ihrer Brüste an ihrem Rücken und dachte: ‹Ich möchte wetten, daß sie einen schönen Körper hat ...›

Ohne ein Wort zu wechseln, ritten sie durch die Bucht. Ein Schwarm Pelikane flog dicht an ihnen vorbei, und wieder empfand Jade den Zauber der freien Natur. Das ungebändigte Meer, die wilden, unzähmbaren Tiere waren wie das Echo der Freiheit, die sie mit ihrem Körper entdeckte.

Vor dem Zaun, der die *Finca* umgab, hielt sie an und sprang aus dem Sattel. Tinas Rock war hochgerutscht, man sah ihre zarte weiße, sommersprossige Haut, eine schön geschwungene Wade und einen schmalen Knöchel. ‹Sie hat hübsche Beine›, dachte Jade, ‹nur schade, daß sie sie versteckt.›

Sie half Tina beim Absteigen und fühlte ihre schmale, biegsame Taille, bevor sie sie bei der Hand nahm und zu ihrem Bungalow führte.

«Sie werden sich jetzt erst einmal ausziehen», sagte Jade, «Damit ich sehen kann, ob wir auch dieselbe Größe haben.»

«Im Badezimmer?»

«Nein, hier.»

Tina hob ihr weites Kleid, zog es über den Kopf und stand in ihrer Baumwollunterwäsche da, linkisch und schüchtern einen Fuß vor den andern gestellt. Sie hatte einen schlanken, mädchenhaften Körper, der glatt und biegsam war, als habe er keine Muskeln, und aussah, als sei sie gerade erst in die Pubertät gekommen.

«Ziehen Sie Ihre Unterwäsche aus», befahl Jade.

«Warum?» fragte Tina errötend.

«Sie ist nicht dünn genug. Man wird sie sehen unter dem Kleid, an das ich für Sie denke.»

Widerstrebend gehorchte sie und zog ihr Hemd aus. Jade stockte der Atem. Tinas Brüste waren hinreißend, groß und fest, mit kleinen, blassen und sehr hohen Brustwarzen.

Jade reichte Tina ein enges schwarzes Kleid, das ihr selbst ein wenig zu groß war. Mit einigen Schwierigkeiten kletterte Tina in das Modell, dessen Korsage eben ihre rosigen Warzen bedeckte und den Busen nach oben drückte, so daß es aussah, als müßten die weißen Kugeln jeden Augenblick aus ihrem Nest springen. Nur der Baumwollslip hinterließ noch häßliche Spuren auf der schwarzen Seide, die sich fließend um Tinas Hüftwölbung legte.

«Ziehen Sie das Unterteil auch aus», verlangte Jade.

Verschämt ließ Tina den Slip zu Boden fallen. Unter dem glänzenden Stoff zeichneten sich aufreizend die Konturen ihres Schoßes ab, die großen, sehr fleischigen Schamlippen und der dichte Pelz des Schamhaars, über dem sich das Kleid bauschte.

«So kann ich doch nicht bleiben», protestierte Tina, schamrot vor Verlegenheit.

Jade gab ihr einen winzigen Spitzen-Tanga, der ihr Schamhaar flachdrückte und die Form ihres Geschlechts verbarg, aber gleichzeitig – was sie sich zu sagen wohl hütete – auf provozierende Weise die runden weißen Hinterbacken betonte.

«Nun, wie finden Sie sich?» fragte sie und zog Tina vor den Spiegel.

«Ich erkenne mich nicht wieder», antwortete Tina lachend.

«Dann wollen wir jetzt zum Essen gehen», sagte Jade, die sich auch umgezogen und ganz in Rot gekleidet hatte.

Als sie den Salon betraten, wurden sie von den anderen schon erwartet. Triumphierend zeigte Jade ihre neue Freundin.

«Sehr gut», meinte Roland mit einem prüfenden Blick auf Tinas Formen, die das enge Kleid nur notdürftig verbarg.

Jade hatte die junge Engländerin ganz nach dem Geschmack des Geliebten eingekleidet, sie eingepackt wie ein kostbares Geschenk, und war froh, daß ihm Tina gefiel. Nun war es an ihm, das Band zu lösen und die schwarze Seidenhülle zu zerreißen, um festzustellen, welches Geschenk sie ihm da machte!

Tina setzte sich, gut sichtbar für alle, auf einen niedrigen Sessel. Mit ihrem ungebärdigen roten Haar, ihrer weißen Haut und dem tiefen Dekolleté hatte sie Ähnlichkeit mit Holbeins Porträt von Elizabeth I. Als Bianca ihr eine Pina Colada anbot, lehnte sie zunächst ab, mit der Begründung, sie sei es nicht gewohnt, Alkohol zu trinken, bis sie den Cocktail schließlich doch trank und auch einen weiteren akzeptierte.

«Ist dir warm?» fragte Olga, mit einem Blick auf Tinas Wangen, die sich durch den Alkohol gerötet hatten.

Tina schien anzunehmen, daß Olga auf ihre Brüste geschaut hatte, da dieser Teil ihrer Anatomie direkt in jedermanns Blickfeld lag.

«Mein Busen wird immer rot, wenn ich verlegen bin», antwortete sie.

Auf Jade wirkte dieses Geständnis sehr erregend. Auf Roland ebenfalls. Sie bemerkte das sofort, denn sie war inzwischen Expertin darin, in seinem Gesicht zu lesen und den Ausdruck von Begierde zu erkennen.

Als sie zu Tisch gingen, gab sie Tina den Platz zwischen sich und Roland. Die Engländerin berührte das Essen kaum, statt dessen trank sie mehrere Gläser des chilenischen Weins. Beim Nachtisch flüsterte Roland ihr etwas ins Ohr, und sie lachte so heftig, daß eine ihrer Brüste aus der Korsage hüpfte.

Mit freundlicher Selbstverständlichkeit beförderte Jade den Busen wieder an seinen Platz zurück.

«Nicht, weil er häßlich wäre, nur wegen der Symmetrie...» erklärte sie.

«Entschuldigen Sie...» sagte Tina mit knallrotem Kopf.

«Es ist doch nichts dabei, seinen Busen zu zeigen», ließ sich Olga vernehmen. «Da, schau her!»

Sie öffnete ihre Bluse und warf sich ins Kreuz, damit alle die üppigen Rundungen ihrer Büste bewundern konnten.

«Man sollte eigentlich überhaupt nicht gezwungen sein, etwas zu verstecken, was schön ist», betonte Bianca und stand auf. Sie knöpfte ihr türkisfarbenes Kleid auf und ließ es einfach zu Boden fallen. Nur noch mit einer feinen, goldenen Bauchkette bekleidet, drehte sie sich einmal um die Achse und setzte sich wieder an den Tisch.

Tina gluckste verlegen, senkte den Kopf und wagte nicht mehr, den beiden Mädchen ins Auge zu sehen. Schließlich stand Berit auf, stellte sich hinter Tinas Stuhl und legte ihr die Hände auf die Schultern.

«Und was ist mit dir? Was hast du uns Schönes zu bieten?» fragte sie.

«Ich bin sehr prüde», meinte die Engländerin und schüttelte ihre roten Locken.

«Das ist aber sehr egoistisch», sagte Roland streng. «Jeder müßte Ihren nackten Körper bewundern dürfen. Stellen Sie sich einmal vor, die griechischen Statuen wären angezogen... was würden Sie denn davon halten?»

«Aber dafür bin ich nicht schön genug...» protestierte Tina.

«Das zu beurteilen ist unsere Sache», erklärte Berit und zog Tinas Reißverschluß auf.

Wie ein Blütenkelch öffnete sich die Korsage und gab die beiden vollendet gerundeten Kugeln frei, die zart wie eine Orchidee gesprenkelte Haut. Wie eine verschreckte Jungfrau legte Tina die Hände vor die Brust und versuchte, das Kleid festzuhalten, während Roland das Schauspiel mit seinem Fotoapparat im Bild festhielt.

«Es ist hochinteressant, solche Szenen für die Nachwelt zu verewigen», kommentierte Berit. «Dieses Sträuben einer Frau, bevor sie sich besiegt gibt ... Denn du wirst dich doch besiegen lassen, nicht wahr?» fügte sie hinzu, indem sie ihre Hände unter den Stoff schob und nach den kleinen, steifen Brustwarzen tastete.

Tina wehrte sich noch ein wenig, was nur zur Folge hatte, daß der Hauch von Seide, der sie noch bedeckte, bis zur Taille hinunterrutschte. Roland und Jade packten jeder einen Zipfel des Kleids und zogen so kräftig daran, daß es zerriß und den milchweißen Körper der jungen Engländerin ganz entblößte.

«Laß mich mal anfassen!» rief Olga ungeduldig und knetete bereits Tinas Busen. Sie kitzelte die steifen Brustwarzen und staunte: «Wie winzig die sind! Als ob man einem kleinen Mädchen Silikon gespritzt hätte! Komisch, denn gegen den Rest ist nichts zu sagen. Ein ganz ordentlicher Umfang. Aber vielleicht sind sie ja falsch und das Ganze ist nur ein Wunder der Schönheitschirurgie! ... Die Ärmste! Dann hätte sie ja überhaupt kein Gefühl da drin! Unempfindlich an den Brustwarzen ... eine Tragödie! ... Mal sehen, ob es stimmt ...»

Sie streckte ihre Zunge heraus, leckte über Tinas Brustspitze und knabberte so eifrig daran, daß sich Tina vor Erregung auf ihrem Sitz krümmte.

«Nein, sie sind echt», verkündete Olga das Ergebnis ihrer Untersuchung, «und rein theoretisch müßte dieser kleine Test doch wohl auch einen gewissen Nebeneffekt gehabt haben ...»

Sie lüftete den winzigen Seidenfetzen, der Tinas Geschlecht noch bedeckte, und legte ihre Hand auf das krause rote Schamhaar.

«Dieses Mädchen funktioniert einwandfrei!» lautete ihre

Diagnose. «Man kitzelt ihre Brustwarzen, und schon tut sich die kleine Spalte auf und wird naß. Sie ist offenbar bereit für die Liebe. Wer möchte sich davon überzeugen?»

«Nein, lassen Sie mich los!» keuchte Tina. «Das wird Peter nicht passen. Er hat mich ja schon davor gewarnt, daß man in diesem Haus nicht ganz normal ist ...»

«Nicht normal?» entrüstete sich Bianca. «Es gibt doch wohl nichts Normaleres, als Lust zu haben, dich zu verführen! Wir wollen dir doch nur möglichst viel Freude schenken und uns umgekehrt von dir schenken lassen. Dein Freund hat ja nur Angst, daß er dir nicht mehr genügen wird, wenn du erst einmal durch unsere Hände gegangen bist. Er beansprucht deinen Orgasmus für sich allein. Macht er es denn wenigstens gut genug für dich?»

«Wir machen es nicht sehr oft. Er ist meistens zu müde, wenn er nach Hause kommt.»

«Dann befriedigst du dich also selbst, nicht wahr?» fragte Jade, die sich daran erinnerte, daß auch sie lange Zeit nur auf diese Weise den Höhepunkt erreicht hatte.

«Niemals!» empörte sich Tina. «Das ist ungehörig!»

«Das ist überhaupt nicht ungehörig!» ereiferte sich Jade. «Im Gegenteil! Es gehört zum Besten, was das Leben zu bieten hat!»

«Na, mach schon, versuch's mal!» schlug Olga vor.

«Wo sind meine Sachen? Ich will nach Hause!»

«Wenn du das wirklich willst, wird Alejandro dich heimfahren», sagte Roland, «allerdings glaube ich, daß du in Wirklichkeit lieber noch ein bißchen bei uns bleiben möchtest. Hab ich nicht recht?»

«Nein, es ist Zeit, daß ich gehe. Danke für die Einladung.»

«Aber, aber», sagte Berit munter, «warum denn so eilig? Hast du etwa einen Topf Milch auf dem Feuer?»

Sie küßte Tina auf den Hals und fuhr mit ihren langen

Fingern sanft massierend über ihre Hüften. Bei dem Versuch, sich aus ihrem Sessel zu erheben, geriet Tina ins Schwanken, da sie offenbar zuviel getrunken hatte, und Berit führte sie zu einem Sofa, damit sie sich ein wenig hinlegen konnte.

«Magst du das, wenn du das Leder auf deiner Haut fühlst?» erkundigte sie sich.

Tina nickte.

«Und meine Hand?» fuhr Berit fort. «Magst du die auch?» Damit fuhr sie sacht über die Schenkel, die sich alabasterfarben von dem Diwan abhoben. Tina sagte kein Wort, schloß nur leicht ihre Augen.

«Wir brauchen es doch alle, daß man uns ein bißchen streichelt», sagte Berit und ließ ihre Hand ein wenig auf der zarten Haut zwischen Tinas Beinen verweilen. Dann nahm sie Tinas reglos daliegende Hand, legte sie auf das Dreieck aus roten Haaren und drückte mit ihrem Ballen dagegen.

«Verwöhn dich ein bißchen», flüsterte sie. «Wie soll dich denn jemand lieben, wenn du selbst dich nicht liebst? Lern dich doch erst einmal kennen.»

«Ich hab das noch nie gemacht», sagte Tina verschreckt, «das tut man doch nicht.»

«Und warum, glaubst du, hat man eine Klitoris? Doch wohl deshalb, damit man sich so viel Freude wie möglich macht, wann immer man die Gelegenheit dazu hat! Möchtest du, daß die anderen Mädchen dir zeigen, wie man es macht? Und wirst du es dann auch machen?»

«Ich weiß nicht ... aber ich glaub nicht ...»

Bianca und Olga traten an das Sofa und begannen sich zu liebkosen. Sie machten es im Stehen und spreizten ihre Beine weit, damit Tina genau sehen konnte, wie sich ihre Finger bewegten. Olga sah besonders aufregend aus, denn ihr Verlangen war so groß gewesen, daß sie sich nicht einmal die Zeit genommen hatte, ihre Kleider abzulegen, und nun stand sie da auf ihren hohen, spitzen Absätzen, hatte nur eben den

Rock gehoben und ließ die prallen Brüste aus der offenen Bluse springen.

Jade konnte sich nicht mehr länger zurückhalten, setzte sich auf den Diwan und hob ihr Kleid. Seit ihrer Bestrafung hatte sie sich nicht mehr befriedigen können, und jetzt war ihr Verlangen fast nicht mehr kontrollierbar. Um nicht zu schnell zu kommen, begnügte sie sich damit, nur ihren Zeigefinger in ihre Höhle zu stecken und langsam darin zu drehen.

«Schau nur», sagte Berit leise zu Tina, «sind die drei nicht schön anzusehen? Meinst du, du kannst es ihnen nachmachen? Ich werde dir ein bißchen helfen...»

Wie eine Lehrerin, die dem Erstkläßler zeigt, wie er ein Stück Kreide zu handhaben hat, nahm Berit Tinas Mittelfinger und führte ihn. Sie steckte ihn in die Scheide, um ihn zu befeuchten, und drückte ihn auf die geschwollene Klitoris, wo er plötzlich lebendig wurde und sich zu bewegen begann.

«Sehr gut», lobte Berit, «ich kann gar nicht glauben, daß du das zum erstenmal machst... Mach weiter, zeig uns, wie das ist, wenn du kommst. Wir finden das alle sehr aufregend, weißt du, sogar Roland. Hast du gesehen, wie sich seine Hose ausbeult? Daran bist du schuld. Und weil du dich für ihn befriedigst, wird er das jetzt auch für dich tun. Nein, laß die Augen auf! Schau dir sein Glied an, wie steif es geworden ist, deinetwegen! Schau mal, was seine Hand macht...»

Roland stand ganz nahe, seinen steilen Penis nur wenige Zentimeter von Jades Augen entfernt. Sie hätte ihn am liebsten in den Mund genommen, wollte aber den anderen nicht den Genuß dieses Anblicks nehmen. Wie schön ihr Geliebter doch war, wenn er masturbierte!

«Für dich habe ich sie hierher geholt», sagte sie zu ihm. «Du kannst sie haben, sie gehört dir. Gefällt dir mein Geschenk? Ich liebe dich...» Roland legte sich auf Tina und drang in sie ein. Jade fotografierte die beiden genau in dem Augenblick, als sie gemeinsam kamen.

12. Kapitel

In dem lauen Wind, der die Blätter der Palmen kaum bewegte, aber die Mittagshitze erträglicher machte, lagen die Mädchen dösend am Pool. Olga hatte sich mit süßem Mandelöl eingerieben, immer wieder hatte sie sich lüstern die Brüste, die Hüften und das Hinterteil massiert, bis sie glänzte wie ein japanischer Sumo-Kämpfer.

Die halbleere Flasche schwingend, schickte sie sich an, auch ihre Freundinnen dieser Behandlung zu unterziehen. Jade, die auf dem Bauch lag, fühlte plötzlich, wie Olga einen Schuß Öl auf ihren Rücken kippte, sich dann neben ihr hinhockte und anfing, sie kräftig zu massieren.

«Was ist mit deiner Vorführung? Bist du fertig mit den Proben?» fragte Olga.

«Beinahe», antwortete Jade.

Seit einigen Tagen trainierte sie täglich mehrere Stunden, um sich von der Technik möglichst freizumachen und ihren Körper neu zu erfahren durch den Ausdruck von Gefühlen. Das klassische Ballett hatte ihr eine zu begrenzte und starre Körpersprache auferlegt, die nicht mehr im Einklang stand mit ihrer erwachenden Sinnlichkeit. Sie dachte jetzt an eine Art totalen Tanz, frei von allem Einstudierten, einen Tanz, der das Wesen des Orgasmus, dieses elementaren Krampfes, dieser Quelle des Lebens, ausdrücken sollte. Sie hatte einmal japanische Tänzer gesehen, die mit nackten, aschebedeckten Leibern der elementaren Häßlichkeit des menschlichen Sinnenrauschs Ausdruck verliehen. Sie wollte nun dessen Schönheit darstellen.

«Du solltest uns eigentlich Tanzunterricht geben», sagte Olga.

«Nein, es ist besser, nichts davon zu verstehen, nur einfach in sich hinein zu horchen und seinen eigenen Ausdruck zu finden», antwortete Jade. «Genau das möchte ich versuchen.»

Sie stellte sich die Bewegungen des Geschlechtsakts vor, die Vibration des Beckens, die verzerrten Gesichter und verschlungenen Glieder, immer gleich und doch jedesmal wieder anders. Keine Frau ähnelte der anderen im Augenblick der Hingabe, denn keine hatte diese Dinge lernen müssen, und jede handelte nach ihrer eigenen inneren Melodie, die ihr den Takt der Liebe angab.

Einer plötzlichen Eingebung folgend, stand Jade auf und vollführte ein paar Bewegungen, imitierte die Wellenlinien eines Fischs, der sich unter einen Felsen schlängelt, das Flügelschlagen eines Schmetterlings, das Buckeln einer Katze ... die natürliche Sinnlichkeit des Bewegungsrepertoires der Tiere.

Bianca stand auf und sagte wütend: «Jade hält sich wohl für Isadora Duncan.»

«Hör nicht auf sie», sagte Olga zu Jade, «sie ist nur eifersüchtig.»

Bianca sagte nichts darauf. Mit einem Kopfsprung verschwand sie im Wasser.

«Siehst du, sie macht sich davon», meinte Olga.

«Warum sollte Bianca denn eifersüchtig sein?» wollte Jade wissen.

«Weil er sich mehr für dich als für alle anderen von uns interessiert.»

Jades Herz hüpfte vor Freude. Was Olga eben gesagt hatte, hatte sie nicht einmal zu hoffen gewagt. Es machte ihr nichts aus, Roland zu teilen, wenn sie nur diejenige war, die das Spiel dirigierte. Der Gedanke, in Rolands Leben nur ein wenig Beiwerk zu sein, war ihr unerträglich. Und was sie selbst betraf, so konnte sie durchaus mit anderen schlafen, ohne daß Roland in ihrem Geist seine Sonderstellung verlor.

«Das hat doch alles gar nichts zu sagen», meinte Berit.

«Gestern war es Bianca, heute ist es Jade und morgen eine andere …»

Ja, morgen eine andere … genau das war es, was Jade insgeheim befürchtete. Nichts war sicher, nichts dauerte ewig. Was blieb an Echtem, außer der momentanen Lust einer flüchtigen Umarmung? Würde sie selbst sich nicht eines Tages auch von ihrem Geliebten trennen müssen, um ein Stück weiter zu kommen? Sich mit einem friedlichen Glück zu begnügen war unmöglich, im Ruhezustand, im Alltag verflachte alles. Sie mußte andere Männer kennenlernen, um Roland besser lieben zu können.

Allmählich zeigte sich eine neue Dynamik in Jades ohnehin kämpferischem Naturell. Sie sah jetzt ganz klar, daß jedes Abenteuer mit irgendeiner Unbekannten ihren Geliebten bereicherte und noch begehrenswerter machte, und in diesem Sinne akzeptierte sie alle seine vergangenen und gegenwärtigen Gefährtinnen, weil sie ihn zu dem machten, was er war. Plötzlich kam es ihr völlig sinnlos vor, sich weiterhin mit Bianca zu messen.

«Warum können wir nicht Freundinnen sein?» fragte sie Bianca, die eben aus dem Wasser gekommen war und nun, nackt und tropfend von Nässe, am Beckenrand saß.

«Weil wir uns zu ähnlich sind», antwortete Bianca.

Ihre Miene war wieder sanfter geworden. Als sie aufstand und zu ihrem Liegestuhl ging, stellte Jade fest, daß sie beide tatsächlich große Ähnlichkeit hatten. Fast die gleiche Figur, fast die gleiche Haut, fast den gleichen Gang. Im Wesen allerdings verriet Bianca einen viel stärkeren Willen und hatte eine gewisse Heftigkeit bei der Äußerung von Gefühlen, für die Jade bisher noch keinen Ausdruck gefunden hatte.

Jade wünschte sich, von Bianca geliebt zu werden und im Umgang mit ihr zu einer heiteren Gelassenheit zu finden, die ihrer beider Leidenschaftlichkeit nicht beeinträchtigen würde. Die Rivalität machte sie beide mittelmäßig, während doch das Verlangen und die Liebe des gemeinsamen Geliebten sie im Gegenteil größer und strahlender hätte machen sollen.

«Möchtest du, daß ich dich einöle?» fragte sie Bianca. Sie war entschlossen, endlich den ersten Schritt zu tun.

Bianca nickte und legte sich auf den Bauch. Jade kippte sich etwas von Olgas Mandelöl auf die Handfläche und begann sich, sanft massierend, langsam von Biancas schmalen Fesseln über ihre geschwungenen Waden zu ihren straffen Oberschenkeln vorzuarbeiten.

Ihre Hände wurden immer sinnlicher, je weiter sie nach oben wanderten, kneteten zärtlich das runde Hinterteil, wurden dann immer kühner und schamloser, schoben sich unter den Bauch und fuhren leicht über den Schamhügel. Bianca krümmte sich und hob sich willig der Liebkosung entgegen, aber Jade zog die Hände wieder zurück, legte sie um die Hüften der Costaricanerin und führte sie dann mit einer großen, kreisenden Bewegung wieder nach unten, ließ ihre Finger den Eingang der Furche erkunden und dann plötzlich vorschnellen zwischen die Schamlippen.

Während Bianca stöhnte und sich hin und her wand vor Lust, rieb Jade ihre Vulva ausgiebig von außen und von innen mit Öl ein. Hin und wieder fuhr sie, wie zufällig, über Biancas Klitoris, die ganz hart und steif geworden war. Sie fühlte, wie Biancas Begierde sie ansteckte, wie eine süße Nässe zwischen ihren Beinen klopfte und nach einem Liebespartner rief.

«Geh und hol Roland», sagte sie zu Olga, ohne sich umzudrehen.

Die Peruanerin brach in Lachen aus. Völlig vertieft in ihr Tun, hatte Jade gar nicht bemerkt, daß Roland schon seit einigen Minuten da war, sich zwischen Olga und Berit niedergelassen hatten und beide gleichzeitig liebkoste, während er die Szene vor seinen Augen verfolgte.

Jade hob den Kopf und sah ihn an. Die Aufmerksamkeit in seinem Gesicht hatte etwas höchst Erregendes. Sie sah, wie er mit einer Hand Berits goldblondes Schamhaar durchpflügte, während die andere Olgas schwere Brust hielt, und sie war glücklich, daß er auf diese Weise auch die beiden anderen an der Lust teilhaben ließ, die sie Bianca soeben gab.

«Bist du zufrieden mit mir?» fragte sie.

«Ihr seid sehr schön anzusehen, ihr beiden. Ich finde, ihr seid wie geschaffen dazu, euch zu lieben, und es erregt mich sehr, euch dabei zuzusehen. Hab ich nicht recht, Olga?»

Olga öffnete seinen Hosenschlitz und ließ ihre kundige Hand darin verschwinden.

«Daran gibt es wirklich keinen Zweifel», versicherte sie und forderte Berit auf, sich ebenfalls davon zu überzeugen.

Dann befreite sie das straffgespannte Glied aus seinen Hüllen, damit alle diesen Anblick genießen konnten. Jade wurde plötzlich von einem heftigen Verlangen ergriffen, legte sich auf Bianca und rieb ihren Körper an ihrem Rücken, bis sich Bianca umdrehte und sich nun ihrer beider Brüste berührten, Spitze an Spitze. Die Beine ineinander verschlungen, Scheide an Scheide, rieben sie sich aneinander, und Jades Hand streichelte beide gleichzeitig.

«Schau nur, wie wir uns lieben», sagte sie zu Roland. «Du vereinst uns mit deinem Blick zu einem Dreieck. Du bist dessen Spitze, wir sind die Basis, und ich werde uns gemeinsam zum Höhepunkt bringen – für dich.»

Bianca rutschte immer tiefer unter Jades Körper, küßte deren Brüste, ließ den Mund über Jades Bauch wandern und landete schließlich auf dem rotglühenden, steifen Knopf zwischen den Schamlippen. Ineinander verschlungen, rollten die beiden Frauen auf den Boden, bis sie ihre Position gefunden und ihren Kopf jeweils zwischen den Beinen der anderen vergraben hatten. Ihre Zungen teilten die Schamlippen, drängten sich in die Vulva und kreisten um die Klitoris, die bei diesem rauhen Kontakt bis zur Schmerzgrenze anschwoll, aber der weiche Mund milderte den stechenden Reiz wieder.

Ihre Münder bewegten sich im gleichen Rhythmus, es war, als ob sich die beiden Frauen mit der eigenen Zunge liebkosten. Bianca überließ sich zuerst dem erlösenden, letzten Krampf, Jade folgte ihr gleich darauf. Nach dem Orgasmus hielten sie sich immer noch umschlungen, den Kopf der einen liebevoll auf dem Schoß der anderen, mit den Händen die Hinterbacken umklammernd.

‹Ich bin Roland völlig ergeben›, dachte Jade. ‹Mein Körper ist Biancas Körper, mein Orgasmus und ihrer, alles gehört ihm. Ich werde Bianca wieder begehren, weil er sie begehrt, ich werde sie lieben, weil er sie liebt. Und wenn sie meine Gefühle erwidert, wird Roland mich um so mehr lieben. So wird das, was der eine für den anderen fühlt, immer mehr wachsen, weil wir unsere Kraft nicht damit vergeuden, aufeinander eifersüchtig zu sein.›

Liebevoll betrachtete sie das lustvolle Dreieck, das Olga, Berit und ihr Geliebter miteinander bildeten. Ihre ineinander verschlungenen Körper drehten und wanden sich auf dem Boden und gaben sich Lust. Die Norwegerin leckte Rolands Glied, während sie Olga ihren Schoß bot und die wiederum von Roland liebkost wurde. Ihre Gesichter verzerrten sich in der nämlichen Lust. Berits Mund wanderte an dem steifen Schaft nach unten, um die prallen Hoden zu kitzeln, während ihre lange, schmale Hand das fast violett angelaufene Glied rieb, bis es seinen Samen ergoß und auf den Brüsten der beiden Frauen verspritzte.

Es machte Jade nichts aus, an diesem Orgasmus nicht direkt beteiligt gewesen zu sein. Fanden die Freuden der einen denn nicht ihren Widerhall in den anderen? Hatte diese Erfüllung nicht etwas Ansteckendes? Plötzlich erschien ihr die Eifersucht wie ein Ungeheuer, entsandt aus einer Hölle, die es nie hätte verlassen dürfen.

13. Kapitel

Hinter dem Haus hielt ein Range Rover, dem die vornehme Gestalt Miguel Moras entstieg. Der Abgeordnete trug ein perfekt geschnittenes blutrotes Hemd und eine helle Hose. Roland kam herbei, um ihn zu begrüßen, und die beiden umarmten sich herzlich, bevor sie das Haus direkt durch Rolands Zimmertür betraten.

Jade hörte von der Terrasse aus, wie im Innern des Hauses eine Tür klappte. Offenbar hatten sich die beiden Herren in das kleine Museum zurückgezogen, das sie selbst bisher nur einmal gesehen hatte. Sie stellte sich vor, wie Miguels kleine, gepflegte Hände kennerisch die Plastiken befühlten, über die langen Vogelschnäbel fuhren, über die Windungen der Schlangenleiber und die heraushängenden Zungen der fratzenschneidenden Affen, mit der wollüstigen Versunkenheit eines Mannes, der sich selbst befriedigt.

Roland würde wohl auch die kleine Jaguarfigur aus ihrem Versteck holen, die ihm gestern, einfach nur in Zeitungspapier gewickelt, von einem Bauern gebracht worden war. Sie hatte die Farbe einer unterseeischen Grotte, und Roland hatte zu ihr gesagt: «Vierundzwanzig Zentimeter der schönsten Jade, der Sorte, die mich immer an deine Augen erinnert ... Ein sehr seltenes Stück von der atlantischen Steilküste ...» Das Tier hockte auf seinen Hinterläufen und dazwischen ragte sein langer, dicker Schwanz steil über den Bauch wie ein erigierter Penis.

Jade hätte gern einmal einen Blick zurück in jene präkolumbianischen Zeiten getan, als man noch solche kunstvollen Figuren anzufertigen wußte. Sie stellte sich vor, mit welcher Geduld sich die Handwerker dieser Arbeit gewidmet hatten, beseelt von einer universellen schöpferischen Kraft. Sie hatten Figuren geformt, die mit ihren übergroßen, schweren, fast nach vorn kippenden Schnäbeln, Mäulern, Schwänzen und Flossen unweigerlich den Gedanken an einen erigierten Phallus wachriefen. Die Erotik dieser Formen wies zurück auf den gemeinsamen Ursprung aller dem Tierreich zugehörigen Lebewesen.

Es war dieser Grundgedanke, dem Jade mit ihrem Tanz Ausdruck geben wollte, und dazu mußte sie zuallererst nackt sein. Sie schleuderte ihre Ballettschuhe weit weg und entblößte die leicht gewölbten Füße mit den puppenhaft kleinen Zehen. Dann knöpfte sie das leichte Baumwollkleid auf, warf es über einen Stuhl und löste das zum Pferdeschwanz gebundene Haar. So fühlte sie sich dem natürlichen Urzustand sehr viel näher. Nur ihre Haare waren vielleicht noch zu ordentlich frisiert ... Sie drehte ein paar Runden um die Terrasse, bis sich das Haar um ihre Schultern legte wie Strähnen von Seetang, die das Meer auf einem Stück Strandgut hinterläßt.

Mit der Schwerelosigkeit einer Flamme tanzte sie ihr ganzes Glück aus sich heraus, die Freude, jung und schön zu sein und den Körper bereit zu fühlen für die Liebe. In ihrem Innern war eine Glut, die sie weder die Hitze des Bodens noch die sengenden Strahlen der Sonne spüren ließ, nur den Rausch der Bewegung und des in ihr erwachenden Verlangens.

Sprühend vor Leichtigkeit und Lebensfreude, lief sie an den Pool zu ihren Freundinnen und zog sie mit in ihren Tanz. Olga drehte das Radio, in dem gerade eine Salsa gespielt wurde, laut auf, hakte Bianca unter, und beide ließen die Hüften schwingen. Berit versuchte es ihnen nachzumachen, aber sie war ziemlich ungeschickt und sah aus wie ein stolzer weißer Schwan, der so flink sein will wie eine Ente.

Obwohl das Schauspiel, das sie boten, nicht besonders perfekt war, bekamen sie plötzlich Applaus von Miguel Mora, der ihnen vom Fenster aus zusah und dessen ehrliche Begeisterung wohl mehr den nackten Körpern als den tänzerischen Talenten der jungen Frauen galt. Die beiden Mittelamerikanerinnen mit ihren runden, ausgewogenen Formen und Bewegungen hatten eine natürliche, sinnliche Grazie, um die Jade sie beneidete, und der lange, blasse Körper der Skandinavierin war von so harmonischen Proportionen, daß man ihre Ungeschicklichkeit vergaß. Der Abgeordnete fixierte sie, die Augen halbgeschlossen und den Mund erwartungsvoll geöffnet, als ob Berits gelöster Körper ihm bereits gehörte.

«Kommen Sie zu uns», rief Jade und winkte ihm.

«Ich trau mich nicht», rief er lachend zurück.

Miguel Mora fühlte sich also eingeschüchtert, weil sie alle nackt waren! Für Jade, die Nacktheit inzwischen als etwas völlig Natürliches empfand, war dieser Gedanke ganz befremdlich, aber andererseits hatte diese Schamhaftigkeit auch etwas Erregendes. Wie eine Herausforderung, ein Verbot, dessen Reiz in der Übertretung lag.

Sie ging näher zu Miguel und begann, sich in einem Bauchtanz aus Tausendundeiner Nacht zu wiegen, mit nur angedeuteten Beckenbewegungen, die jedoch ihre Wirkung nicht verfehlten. Die volle Unterlippe ihres Opfers begann leicht zu zittern. Jade hätte am liebsten hineingebissen. Sie stand so dicht vor Miguel, daß ihre Arme sein rotes Hemd streiften, und fühlte ein unwiderstehliches Verlangen, sich an ihn zu pressen. Sie spürte, wie ihre Brüste anschwollen, warf den Kopf in den Nacken und reckte Miguel ihren Busen entgegen.

«Kommen Sie, tanzen Sie mit mir!» sagte sie im Befehlston.

Sofort sprang er über die Fensterbrüstung und nahm sie so zaghaft in die Arme, daß seine Finger kaum ihren Rücken berührten. Sie drückte sich an ihn, schob ihren Oberschenkel zwischen seine Beine, preßte ihren Busen gegen die nackte, behaarte Haut seiner offenen Hemdbrust und legte ihre schmalen Hände um seinen kräftigen Hals.

«Küssen Sie mich!» befahl sie.

Er beugte sich über ihr Gesicht, sie nahm seine vollen Lippen in den Mund, fuhr mit ihrer Zunge über deren Konturen und saugte an dem weichen Fleisch. Dieser Kuß war so erregend, daß sie den Druck ihres Schenkels noch ein wenig verstärkte. Sie fühlte seine Erektion an ihrem Bauch, aber als sie Anstalten machte, seine Hose zu öffnen und das steife Glied zu befreien, stieß er sie, rot vor Verlegenheit, zurück.

«Können wir in Ihr Zimmer?» fragte er.

Jade lächelte bei dem Gedanken an die dort installierte Kamera und nickte. Miguel Mora gefiel ihr, und die Vorstellung, daß Roland alles mitverfolgen konnte, erregte sie noch mehr.

Diesmal ließ sich Miguel nicht lange bitten, sondern stürzte sich sofort auf sie, kaum daß sie ihren Bungalow betreten hatten.

«Ich begehre dich, du machst mich verrückt», sagte er immer wieder, während er sich von seinen Kleidern befreite.

«Beeil dich, komm, schnell!» antwortete Jade und legte sich direkt unter das Objektiv der versteckten Kamera.

Der Gedanke, daß Roland sie von seinem Zimmer aus beobachtete, war so aufreizend, daß ihre Scheide bereits ganz weit und naß war, als Miguels Glied mit einem Ruck ganz tief hineinstieß. Sie zog die Beine an und legte die Füße um die Schultern ihres Partners.

«Du machst es so gut», keuchte er, während er sich in ihr bewegte. «Du bist so schön. Ich will, daß du mir gehörst, nur mir allein.»

Jade fühlte sich geschmeichelt, gab aber keine Antwort. Miguels Vorschlag kam ihr völlig absurd vor. Sie hatte sich noch nie so frei gefühlt wie jetzt mit Roland, und sie dachte nicht daran, diese Freiheit wieder aufzugeben. Roland empfand es als lustvoll, wenn sie sich einem anderen hingab, und das erhöhte auch ihre Lust. Sie dachte an ihn in diesem Moment, an die Furchen der Wollust in seinem Gesicht, an seinen großen, muskulösen Körper, an seine kräftigen Hände ... Vielleicht masturbierte er gerade, während er vor dem Bildschirm saß? Die Bewegung seiner Finger auf seinem straffen, glatten Glied ... Miguel war gutaussehend und sinnlich, und es war angenehm, mit ihm zu schlafen, aber noch angenehmer war die Vorstellung, daß Roland sie betrachtete und sich dabei befriedigte.

Sie spannte ihre Vaginalmuskeln fest um Miguels Penis.

«Ah, das tut gut», brummte er, «ich hab das Gefühl, als ob du mich verschlingst...»

Sie wiederholte das Spiel. Es war so einfach, herauszufinden, was der einzelne von ihr wollte, und es war so angenehm, ihm diese Freude zu machen. Jede Freude steigerte außerdem die Lust, die man selbst empfand, und insofern war jede Liebkosung letztlich egoistisch.

Sie mußte daran denken, wie steif und passiv sie sich bei der Liebe verhalten hatte, bevor ihr Roland begegnet war. An die widerwärtig öden Umarmungen mit Christian in den Kulissen des Nachtclubs... ‹Was für eine Verschwendung!› dachte sie. ‹Diese verlorene Zeit!›

Als sie in Miguels Armen explodierte, war es, als ob ihr Körper eins geworden wäre mit dem Universum der Sinne und als ob in diesem einen Augenblick der Ekstase die ganze Wollust aller Frauen zusammenströmte.

‹Für dich und durch dich›, sagte sie in ihrem Innern zu dem Kameraobjektiv, während Miguel sich in ihr ergoß.

«Heirate mich», sagte der Abgeordnete zu ihr, als sie am nächsten Morgen miteinander durch die kleine Allee zum Haus hinaufgingen. «Ich werde mich scheiden lassen. Zwischen meiner Frau und mir spielt sich schon seit langem nicht mehr viel ab. Sie verbringt die meiste Zeit in Miami.»

«Ich gehöre zu Roland.»

«Er scheint sich nicht besonders um dich zu kümmern, wenn er dir erlaubt, mit jedem Mann zu schlafen, der zufällig vorbeikommt.»

«Im Gegenteil. Er kümmert sich so sehr um mich, daß er nur meine Freiheit und mein Glück im Auge hat.»

«Wenn du meine Frau wärst, würde ich jeden Mann umbringen, der sich in deine Nähe wagt. Ich könnte es nicht ertragen, wenn du einem anderen gehören würdest.»

Jade mußte lächeln. In ihren Augen war Miguels Leidenschaft zu übertrieben, um wahr sein zu können. Seine Frau und seine Mätressen mußten wohl sehr durchschnittlich sein, wenn eine einzige Nacht mit ihr ihn so entflammen konnte.

«Wenn du erst meine Frau bist, werde ich dir alles geben, was du willst. Diener, Juwelen...»

Diesmal lachte Jade laut heraus. Sie stellte sich vor, wie sie, behangen mit Diamanten, den Tee nahm mit der Sorte von feinen Damen, die sie im Theater von San José getroffen hatte.

«Das ist nichts für mich», sagte sie, «aber wenn du dich wirklich scheiden lassen willst, wird es dir wohl nicht schwerfallen, eine andere Frau zu finden.»

Inzwischen waren sie am Pool angekommen, wo Olga gerade die Zeit bis zum Mittagessen zu einem Sonnenbad nutzte. Sie hatte die letzten Worte der Unterhaltung mitgehört und sprach ganz ungeniert:

«Wenn du mich fragen würdest, dich zu heiraten – ich würde ja sagen, Miguel Mora! Ich würde dich sexuell zu meinem Sklaven machen. Ich würde dir kleine Mahlzeiten servieren, gewürzt mit Nashorn-Pulver und dem Saft der Spanischen Fliege, damit du meinen unstillbaren Appetit befriedigen kannst. Du wärst ständig so steif, daß du vor mir auf den Knien rutschen würdest, damit ich dich erlöse von deinen gewaltigen Erektionen...»

Der Abgeordnete wirkte schockiert und angeregt zugleich, und als sie zum Essen gingen, setzte sich Olga neben ihn mit der Bemerkung:

«Ich sitze bei meinem Verlobten.»

Sie trug an diesem Abend ein Kleid aus rotem Baumwollstoff, das eng tailliert war und ihre eindrucksvollen Brüste betonte. Miguels Blick wanderte immer wieder von den *tamales* auf seinem Teller zu Olgas V-Ausschnitt.

Während des Essens gab Roland die bevorstehende Ankunft von Gina bekannt, einer Italienerin, die schon zweimal einige Monate auf der *Finca Verde* verbracht hatte, und zum erstenmal hatte Jade den Eindruck, daß sie alle hier nur für eine Übergangszeit lebten. Gina kam und andere würden gehen. Vielleicht sogar sie selbst... Die *Finca Verde* war eine Art schützender Kokon gewesen für einen unfertigen und furchtsamen Schmetterling, der nun seine Flügel wachsen fühlte und sich bald in die Welt aufmachen würde, um Honig aus allen Blütenfeldern zu saugen.

14. Kapitel

Am darauffolgenden Samstag erschien Miguel wieder auf der *Finca Verde*.

«Seine Frau ist in Miami und läßt sich das Fett aus den Schenkeln absaugen», meldete Olga. «Sie macht gleich zwei Fehler auf einmal: Sich mit ihren Rundungen nicht abzufinden und ihren Mann allein zu lassen. Sie hat Miguel wirklich nicht verdient.»

«Aber du, du hast ihn wohl verdient, was?» fragte Jade.

«Aber sicher! Wer einen Mann hat wie ihn, läßt ihn doch nicht im Stich, um abzuspecken! Ich habe ihn wirklich trösten müssen, neulich abends. War völlig gebrochen, der Arme. Seine Ehre, verstehst du?»

«Er gefällt dir sehr, nicht wahr?»

«Er ist besitzergreifend, eifersüchtig, leidenschaftlich... Er macht einem Liebeserklärungen mit der Hand auf dem Herzen und wirft sich dabei in die Brust wie ein Flamenco-Tänzer. Wenn ich mit ihm zusammen bin, möchte ich am liebsten die Mantilla anlegen und mit den Kastagnetten klappern.»

Jade schaute hinüber zu Miguel Mora, der sich, nicht weit von ihr entfernt, mit Roland unterhielt. Sie stellte fest, daß er wirklich eine stolze Haltung hatte. Seine dunklen, lang über den Nacken fallenden Locken, seine schmalen Hüften und die Art, wie er auf den Bodenfliesen lagerte – alles verriet seine spanische Herkunft. Aber es waren die maurischen Eroberer gewesen, die in seinem Stammbaum den Samtglanz der Augen hinterlassen hatten und den sinnlichen Mund, der Jade so gut gefiel.

Mit einem Blick reihum stellte sie fest, daß der Reiz aller in diesem Zimmer anwesenden Personen – mit Ausnahme von Berit und Roland – auf ihrer gemischtrassigen Herkunft beruhte. Biancas ovales Gesicht, ihr volles, gelocktes Haar und ihre schlanke Gestalt waren spanischen Ursprungs, das Kupfer ihrer Haut hingegen ein Erbe der Mayas. Von ihren Ahnen aus der Inka-Zeit hatte Olga ihre mandelförmigen Augen, die weiten Nasenflügel und die runden Hüften, aber ihr großer Busen und ihre schmale Taille waren europäisch. Was sie selbst betraf, so hatte sie die schlitzförmigen Augen, das schwere schwarze und glatte Haar einer Vietnamesin, doch die Iris und den Busen einer Französin. Das Gemisch der Rassen war eine Bereicherung für die Frauen und für Miguel, es betonte hier die Lippen, höhlte dort die Wangen, rundete einer dünnen Asiatin die Brust und schlitzte ihre Lider, schuf Schönes mit der glücklichen Hand des Zufalls, der auch die Motive eines Kaleidoskops immer neu zusammenfügt.

Schüchtern näherte sich die kleine Otilia von der Tür her. Sie hatte sich ganz als Frau verkleidet, mit ihrer Hochfrisur, dem blauen Lidschatten und dem rotgeschminkten Mund. Behindert von ihrem engen Rock und den hohen Absätzen ihrer Schuhe, tippelte sie zu Roland und sagte:

«Es ist Samstag abend, Alejandro will mich zum Tanzen mitnehmen... Brauchen Sie mich noch?»

«Warum gehen wir nicht einfach alle mit?» fragte Berit.

Bianca und Miguel verzogen abfällig das Gesicht. Der öffentliche Tanzsaal war am Samstag für die *campesinos* reserviert. Aber die anderen fanden diesen Gedanken nicht störend und stimmten begeistert zu. So zwängten sich alle in die beiden Wagen, um sich auf die 30 Kilometer lange Strecke ins Nachbardorf Guardia zu machen.

Aus dem grellerleuchteten, riesigen Schuppen am Rand des Dorfplatzes drangen ohrenbetäubende mexikanische Rhythmen. Jade traute ihren Augen nicht, als sie beim Eintreten feststellte, daß eine einzige alte Jukebox, die in einer Ecke thronte, diesen Höllenspektakel entfesselte.

Man hörte auf zu tanzen und zu trinken, und alles drehte sich zu den Neuankömmlingen um, bis Alejandro seine Otilia in den Arm nahm und sich in einem langsamen Walzer mit ihr zu drehen begann. Jetzt setzten sich auch die übrigen Tänzer wieder in Bewegung, ließen aber ihre Augen nicht von den *gringos*, die sich gerade an einen Tisch setzten, vor eine Flasche Zuckerrohrschnaps und eine Schale *bocas* aus fritierter Yucca.

Obwohl Miguel und Bianca offensichtlich Costaricaner waren, unterschieden sie sich doch in allem von dem Teil ihrer Landsleute, der am Samstagabend in den *salon de baile* ging, um sich zu betrinken und sich zu bewegen. Für die Eingeweihten waren der Alkohol und die Umarmungen auf der Tanzpiste nur das allwöchentliche Vorspiel zu den anschließenden Spaziergängen in der lauen, tropischen Nacht. Nach dem Ball pflegten die Liebespaare gemeinsam den Saal zu verlassen, einen verschwiegenen Pfad einzuschlagen und sich einen dunklen Busch zu suchen. Dann faßte der Mann in die frischgebügelte Bluse seiner Begleiterin, streichelte ihren Busen und rieb sein Glied an ihrem engen Rock, bis er sie schließlich, trotz ihrer Proteste, auf das stachlige Gras zwang, ihre Schenkel freilegte und ihr den Slip aus rosa Baumwolle herunterzog. Dann erst öffnete er seinen Hosenschlitz, drang – ohne sich weitere Umstände zu machen – mit einem Stoß in die Unglückliche ein, um sich schließlich binnen weniger Sekunden in ihr zu erleichtern.

Doch an diesem Abend dachten die männlichen Ballbesucher kaum an die Reize der Damen, die sie schwitzend im Arm hielten, so fasziniert waren sie von den neu angekommenen Schönheiten, den tiefen Rückendekolletés ihrer Kleider, den zarten Händen, die es nicht gewöhnt waren, *tortillas* zu formen, den schmalen, gewölbten Füßen. Sie starrten sie an mit den hungrigen Augen von Landstreichern, die sich die Nase am Schaufenster einer Delikatessenhandlung plattdrücken.

Als Miguel mit Olga auf die Tanzfläche ging, wichen die anderen Paare zur Seite, um ihnen Platz zu machen. Die Peruanerin unterschied sich kaum von irgendeiner der anderen Frauen, ihre Taille war nur einen Hauch schmaler, ihre Hüften nur einen Hauch sinnlicher – und doch konzentrierte sich das Verlangen sämtlicher Männer nur auf sie. Lüsterne Blicke waren erlaubt, Berührungen verboten. Sie gehörte dem *patron*, dem Großgrundbesitzer, der alle Vorrechte genoß.

Miguels glatte, gepflegte Hand, die sich nie mit einem Buschmesser hatte abplagen müssen, lag leicht auf Olgas zarter Haut, oberhalb des im Rücken bis zur Taille ausgeschnittenen roten Kleides, während Olgas Füße – schmal und zierlich durch das tägliche Tragen von Schuhen – wie schwerelos über den unebenen Boden glitten... Heute nacht, wenn sie mit ihren Freundinnen in den Büschen verschwinden würden, würden sie sich alle fühlen wie der *deputado* und sich einbilden, Olgas weichen, duftenden Körper in den Armen zu halten.

Während sich die Paare in der Umgebung des Ballsaals zerstreuten – die Männer noch ganz erregt vom Anblick der schönen *gringas* und die Frauen träumend von schönen Kleidern und Parfums –, lud Miguel die anderen zu einem nächtlichen Dinner in einem Hotel am Meer ein. Alejandro und Otilia ließen sie zurück, wohl wissend, daß auch diese beiden bald im Mondlicht liegen würden, die Kleider zerdrückt, das Haar zerwühlt und im Bauch das Verlangen.

Das Restaurant lag im Freien, unter einem spitzen Dach aus Palmblättern. Man hatte bereits einen Tisch für sie gerichtet, von dessen weißem Damasttuch sich die rot-grünen Gestecke aus Weihnachtssternen kräftig abhoben. Wenige Meter von ihnen entfernt saß ein Paar, das eben seine Mahlzeit beendete. Jade erkannte Tina und Peter, der sofort wegschaute und auf seinen Teller starrte.

Nachdem Roland ihm etwas zugeflüstert hatte, stand Miguel Mora auf und bat die beiden an den Tisch. Tina trug wieder das unförmige Kleid, in dem Jade sie zum erstenmal gesehen hatte. Wieder hatte sie ihren vollendeten Körper unter dem häßlichen Blumenmuster versteckt. ‹Und ihre schönen Brüste mit den niedlichen kleinen Warzen werden sicher von einem abscheulichen weißen Baumwoll-BH zerdrückt›, dachte Jade. ‹Man muß wirklich pervers sein, um sich dermaßen zu verunstalten. Wenn es keine Fotos gäbe, auf denen Tina nackt, schön und hingegeben zu sehen ist, würde ich wirklich glauben, daß ich mir das alles nur eingebildet habe.›

Tina setzte sich neben Jade und drückte allen die Hand, als ob sie sie noch nie gesehen hätte. Ihr Freund setzte sich auf den Stuhl zwischen Miguel und Bianca und tat so, als habe er nicht das geringste Interesse an Frauen.

«Wenn ich mich nicht irre, sind wir Nachbarn», sagte Roland scheinheilig. «Kommen Sie uns doch am Dienstag einfach einmal auf der *Finca Verde* besuchen. Ich erwarte an diesem Tag eine Freundin und wollte ihr zu Ehren ein kleines Fest geben.»

«Ja, kommen Sie doch», sagte Berit hinterhältig, «ich bin sicher, daß Sie den Weg finden werden.» Dabei beugte sie sich so weit über den Tisch, daß der Amerikaner gezwungen war, den Kopf zur Seite zu drehen, um ihr nicht direkt ins Dekolleté zu sehen.

«Sie werden sich noch den Hals verrenken», meinte Bianca mitleidlos.

Ohne weiter auf Peter und Tina zu achten, starrte Berit ungeniert zu zwei jungen Männern hinüber, die am anderen Ende des Restaurants saßen. Beide hatten langes blondes Haar und die Statur wohlgenährter Sportler.

«Das sind Surfer aus Australien», teilte der Kellner mit. «Sie sind hier, um einmal unsere Wellen auszuprobieren.»

«Vielleicht könnten wir sie auch an unseren Tisch bitten», schlug Berit vor.

«Nein, aber du kannst sie dir ja direkt hier und jetzt nehmen, wenn dir danach ist», antwortete Roland.

Berit erhob sich ganz unbefangen und ging an den Tisch der beiden jungen Männer. Ohne ihre Einladung abzuwarten, setzte sie sich auf die Tischkante und schlug ihre langen Beine übereinander, so daß ihr seitlich geknöpfter weißer Rock aufsprang bis zur Hüfte. Während sie ihre flachen Slipper auf den Zehenspitzen wippen ließ wie das Pendel eines Hypnotiseurs, sah sie den beiden fest in die Augen und begann lässig mit ihnen zu plaudern, als habe sie sie eben auf einer Party kennengelernt.

Von ihrem Platz aus konnte Jade nichts verstehen von Berits langer Rede, sie sah nur, wie sich die mächtigen Schultern der Australier in den ausgeblichenen T-Shirts immer wieder vor Lachen schüttelten. Berit befühlte ihre starken Arme mit ihren langen Fingern, legte den Kopf in den Nacken und lächelte hintergründig. Jade sah Berit bereits ihre langen Fingernägel in das Fleisch dieser Jünglinge krallen, wie eine Katze, die mit ihrer Beute spielt, bevor sie sie verschlingt.

Jetzt beugte sie sich zu dem größeren und kräftigeren der beiden jungen Männer hinunter und flüsterte ihm etwas ins Ohr, das ihn offensichtlich verwirrte. Er wich leicht zurück, aber Berit legte ihre Hand auf seinen Oberschenkel, dort, wo seine Bermudas endeten.

Der andere drehte sich diskret zur Seite und widmete seine Aufmerksamkeit dem Papagei, der in einer Ecke des Raums in einem Käfig saß und vor sich hin krächzte: «*Mucho gusto, mucho gusto ...*» Aber Berit duldete offensichtlich nicht, daß er sich von ihr abwandte. Sie griff nach seinem Arm und spielte mit ihrem Zeigefinger in seinem langen, von der Sonne gebleichtem Haar.

«Gehen wir ein bißchen spazieren?» fragte sie ihre beiden Begleiter.

Gleichzeitig sprangen sie auf und nahmen Berit in ihre Mitte. Sie waren beide riesig, überragten Berit noch um eine Kopflänge, und ihre Schultern waren doppelt so breit wie ihre. Alle drei verschwanden nun in Richtung Strand.

Roland schlug vor, ebenfalls einen Spaziergang zu machen.

«Wir nicht, wir müssen jetzt nach Hause», sagte Peter, «aber ich hoffe, wir sehen uns bald.» Damit entfernte er sich auch schon, und Tina folgte ihm widerstrebend.

Unten am Strand wandte sich Roland nach rechts.

«Olga und ich wollen einmal sehen, ob wir nicht ein paar Riesenschildkröten entdecken», erklärte Miguel und schlug die entgegengesetzte Richtung ein.

Jade war es sehr angenehm, mit Roland und Bianca allein zu sein. Der Vollmond warf sein Licht auf den weißen Sand, und der Atem des nahen Meeres war kaum lauter als der ihrer beiden Begleiter. Still und verträumt lauschte sie auf den Pulsschlag des Ozeans, als sie plötzlich über einen Haufen Kleider stolperte, die jemand am Strand abgelegt hatte. Sie erkannte Berits weißen Rock und die Hemden der beiden Australier.

Roland nahm die beiden Frauen an die Hand und zog sie näher ans Ufer hinter einen Felsen, von dem aus sie alles beobachten konnten, ohne selbst gesehen zu werden. In etwa zehn Meter Entfernung tummelten sich drei Gestalten vor ihnen im lauen Wasser. Berits nasser, nackter Leib hatte etwas seltsam Schwereloses gegenüber den massigen Umrissen der beiden Surfer, die sich den Frauenkörper zuwarfen, als sei er leicht wie ein Strohhalm.

Von Zeit zu Zeit zerrissen Berits helles Lachen und die dunkleren Töne der beiden Australier die Stille der Nacht. Berit hielt sich jetzt an dem Hals des einen fest, und als er sich zur Seite drehte, sah man sein steil aufgerichtetes Glied. Es war so groß, daß man es im Mondlicht deutlich erkennen konnte. ‹Er wird sie zerreißen›, dachte Jade, ‹aber Rolands Penis hat genau die richtige Größe für mich.› Sie streckte die Hand nach seinem Hosenschlitz aus und traf auf Biancas Hände, die sich bereits um den wulstigen Schaft gelegt hatten, und gemeinsam liebkosten sie nun das Glied des Geliebten, während sie den Badenden bei ihren Spielen zusahen.

Der junge Mann hob Berit hoch, setzte sie auf seinen Penis und ließ sie auf und ab gleiten, mit einer Mühelosigkeit, als masturbiere er mit seinen bloßen Händen. Von ihrem Versteck aus hörte Jade Berits lautes Stöhnen.

«Mehr... mehr!» flehte sie. «Tiefer... tiefer, hab keine Angst... Fester! ... Schneller...»

Der Australier beschleunigte den Rhythmus immer mehr, bis er schließlich mit einem rauhen Schrei ejakulierte. Sein Becken machte ein paar weitere, heftige Stöße, und Berit hüpfte auf seinen Schenkeln auf und ab wie ein Ping-Pong-Ball auf einer Fontäne.

Die Szene war komisch und erregend zugleich, und Rolands Glied schwoll immer stärker an unter den Händen seiner beiden Geliebten. Er nahm sie rechts und links in den Arm und streichelte ihre Brüste. Jade fand, daß sie ein vollkommenes Dreieck miteinander bildeten. Biancas Brustwarze richtete sich unter Rolands Finger steil auf, wie die ihre, und so wie bei ihr bebte auch Biancas Vulva vor Verlangen nach demselben Mann, dem Mann, dessen Erektion ihrer beider Hände fühlten. Jade wußte, daß Bianca die gleiche Erregung empfand wie sie, und dieser Gedanke war sehr bewegend.

Unterdessen preßte sich Berit bereits an den Körper des anderen Mannes. Obwohl er noch schwerer und kräftiger wirkte als sein Freund, war er doch liebevoller und behutsamer und seine Berührungen waren zärtlicher. Um ihn zu größeren Kühnheiten zu ermutigen, massierte sie energisch sein Glied, aber er krümmte sich nur vor Lust und ließ sich diese Behandlung mit Wonne, aber passiv gefallen.

Berit übernahm schließlich die Initiative und führte sich den Penis selbst ein. Der blonde Riese ergab sich zärtlich, bewegte sich aber kaum, als ob er Angst habe, dieser kleinen Teufelin, die ihn da unterwarf, weh zu tun. Darauf stieß Berit ihr Becken immer heftiger hin und her, massierte sein Glied mit ihrer Scheidenmuskulatur und rieb ihren kleinen Busen an seiner ausladenden Brust.

Der Orgasmus des jungen Mannes war sehr diskret, er gab nur einen leisen Ton von sich. Berit ließ ihren Kopf zärtlich an seine Schulter sinken, während ihr Unterleib schwerelos auf der Wasseroberfläche trieb. Der junge Mann hatte ihr offensichtlich einen Orgasmus geschenkt, der sie tief befriedigt und taumelnd zurückließ. Wie Tarzan, der seine Jane vor dem Ertrinken rettet, trug er sie auf seinen Armen zum Strand, gefolgt von seinem Freund.

«Der einzige Mißton in der Harmonie dieser Nacht sind unsere Kleider», sagte Jade.

Mit beiden Händen löste Roland gleichzeitig die leichten Baumwollkleider seiner Gefährtinnen von deren Schultern und ließ sie zu Boden gleiten, bevor er sich ebenfalls auszog. Das Mondlicht modellierte die Konturen seines Körpers. Bianca kniete sich vor ihn hin und verschlang wollüstig sein Glied, während Jade hinter ihr saß und ihre Brüste streichelte.

«Ich will, daß ihr euch liebt», befahl Roland.

Die beiden Frauen wälzten sich über den Sand. Als sie kamen, schoß das Sperma in hohem Strahl aus seinem Glied und spritzte sie voll.

Hand in Hand gingen sie langsam zum Restaurant zurück, wo Berit sie bereits erwartete, untadelig angezogen und mit ausdrucksloser Miene.

Bald danach tauchten auch Miguel und Olga wieder auf. Olga mit zerzausten Haaren, zerknittertem Rock, Arme und Rücken voller Sand. Miguels Hemd stand weit offen, an seinem Halsansatz waren die Spuren eines Bisses zu sehen.

«Ich lasse mich scheiden und werde Olga heiraten», verkündete der Abgeordnete, als er Platz nahm, um mit den anderen ein letztes Glas zu trinken.

15. Kapitel

Olgas Abreise war so überstürzt, daß Jade noch gar nicht recht daran glauben konnte. Immer noch meinte sie, jeden Moment ihren singenden Akzent zu hören, ihr helles Lachen und ihre Späße, oder ihre runden Finger auf ihren Schultern zu fühlen. Jetzt, wo sie nicht mehr da war, spürte man erst das volle Ausmaß ihrer Persönlichkeit und ihres Charmes und merkte, wie ansteckend ihr Hunger nach Leben und Glück gewesen war. Alles, was sie berührt hatte, wurde sofort mit einer geballten Ladung Erotik erfüllt, sie hatte großzügig ihre Lebensfreude und Sinnlichkeit rundum verteilt.

An diesem Morgen war ihr Platz am Frühstückstisch trostlos leer. Berit und Bianca kauten stumm an ihren Papaya-Schnitten, und Jade knabberte lustlos an der mit Sahnequark bestrichenen Tortilla. Roland war auch nicht da. Er war schon früh mit der Cessna gestartet, um Gina vom Flughafen Juansantamaria abzuholen. Jade sah der Ankunft des neuen Gastes mit Unbehagen entgegen, tatsächlich empfand sie sogar schon im vorhinein eine Art Groll, daß Gina bereits Olgas Platz beanspruchte. Vielleicht befürchtete sie aber auch – ohne sich das ganz eingestehen zu wollen –, daß Gina sie von ihrem Platz zwischen Roland und Bianca vertreiben könnte.

«Was wißt ihr eigentlich von Gina?» fragte sie die anderen.

«Sie ist Italienerin, und sie hat mehrere Monate hier verbracht», antwortete Bianca. «Jetzt ist sie beim Film. Ihre schauspielerischen Talente sind zwar begrenzt, aber für die Rollen, die man ihr gibt, bringt sie alle erforderlichen Eigenschaften mit. Gina ist eine Art Sinnbild der Libido, eine unermüdlich Liebende, wie geschaffen dazu, selbst einen Heiligen in Versuchung zu führen. Du kannst dir ja selbst ein Urteil bilden, Roland hat Kassetten von einigen ihrer Filme.»

Wenige Minuten später saßen die drei Frauen bereits vor dem Videogerät.

«Hoffentlich seid ihr keine Historiker. Der Regisseur hat es nicht so ganz genau genommen mit den Epochen und Kostümen. In diesem Stück hier spielt Gina die jugendliche Naive.»

Auf dem Bildschirm erschien ein ganz in Spitzen gehülltes junges Mädchen mit vielen kastanienbraunen Löckchen, Grübchen in den Wangen, schelmischen grauen Augen und einem Mund wie eine Rosenknospe. Sie stieg, zum Anbeißen hübsch und verlockend, aus einer Kutsche und schürzte ihre schweren Röcke bis zu den rosa Strumpfbändern. Ein großer, dunkelhaariger Butler erschien, in einer schwarzen Livree, die ihm das würdige Aussehen eines Provinznotars verlieh.

«Ihre Frau Tante und der Herr Onkel sind ausgeritten. Sie haben mich gebeten, Ihnen zu helfen, sich hier einzurichten.»

Das junge Mädchen stieg die Freitreppe hinauf, ihr Becken aufreizend schwingend unter den lüsternen Blicken des Dieners, der sie in ihr Zimmer begleitete.

«Vielen Dank. Sie können mich jetzt allein lassen», sagte das junge Mädchen.

«Madame hat mir aufgetragen, mich zu vergewissern, daß Sie sich ein wenig ausruhen. Sonst werden Sie heute abend zu müde sein für den Ball, der Ihnen zu Ehren gegeben wird.»

«Nun gut, ich werde mich einen Augenblick hinlegen.»

«Sie müssen aber Ihr Kleid ausziehen, damit es nicht zerknittert. Ich helfe Ihnen.»

«Das kann ich allein, vielen Dank.»

«Mademoiselle, Ihre Frau Tante hat mir ausdrücklich befohlen, ganz zu Ihren Diensten zu stehen. Sie wird sehr bestürzt sein, wenn Sie mich wegschicken.»

«Also schön», willigte die Demoiselle ein und wandte dem Hausdiener den Rücken zu.

Er trat näher und zog hastig an einigen Schlaufen, bis das Kleid zu Boden fiel und die schweren Locken des jungen Mädchens anmutig über ihre nackten Schultern fielen. (‹Ist bestimmt eine Perücke›, dachte Jade.) Aus dem spitzenverzierten Korsett, das ihre Taille einschnürte und ihre Hüftrundungen betonte, wogte ihr voller Busen, und unter dem Korsett trug sie eine lange Batisthose, die bis zum Ansatz ihrer weißen Seidenstrümpfe reichte. Sie ging zum Bett, schlug die Decke auf und schickte sich an, sich hinzulegen.

«Ich werde Ihr Korsett etwas lockern, Mademoiselle Rose», sagte der Diener in lüsternem Ton.

Rose schüttelte den Kopf wie ein kleines Mädchen, das seine Suppe nicht essen will, und schlüpfte unter die Decke. Aber der schlimme Dienstbote warf die Decke mit einer großen, theatralischen Geste zurück und legte seine rauhen schwarzen Tatzen auf Roses milchweiße Brüste.

«So hübsche kleine Tauben muß man gurren lassen», sagte er mit einer vor Gier heiseren Stimme.

Die niedlichen Brüstchen sprangen aus ihrem Nest von gestärkter Spitze. (Jade spürte, wie auch ihre Brüste anschwollen.)

«Nein!» schrie die verschreckte Schöne. «Fassen Sie mich nicht an! Ich sage alles meiner Tante!»

«Deine Tante, ha, ha, ha», lachte der böse Mann und löste das Band des jungfräulich keuschen Schlüpfers.

«Hilfe! Lassen Sie mich!»

«So eine hübsche kleine Katze, die noch niemand gestreichelt hat», grunzte der Rohling, während er einen dichten Busch von kastanienbraunem Kraushaar entblößte und rundherum beklopfte und knetete. «Die Katze muß miauen.»

«Ah», seufzte Rose, deren Gegenwehr immer mehr nachließ. Die jugendliche Naive zeigte eine erstaunliche Empfänglichkeit für die Freuden der Liebe, spreizte ihre Beine und schwenkte ihr Becken, um die Liebkosungen besser genießen zu können.

«Die kleine Katze ist ja ganz heiß», sagte der Diener, «ich werde ihr meinen großen Kater geben müssen.»

Das Glied, das er aus seiner Hose zog, war lang und steif. Der Mann drehte sich jetzt seitlich zur Kamera, zerriß mit einer theatralischen Geste den Schlüpfer des jungen Mädchens und machte sich daran, ihr den letzten Schimpf anzutun.

Im Gesicht des Mädchens spiegelte sich höchste Erregung. Es war offensichtlich, daß die Schmerzen der Entjungferung verblaßten gegenüber den angenehmen Empfindungen, die sie mit einemmal entdeckte.

«Chenapan!» meldete sich plötzlich eine Frauenstimme aus dem Off. «Du hast also schon ohne mich mit dem Fest begonnen?»

Der Diener ließ sich nicht stören. Ungerührt setzte sein Penis die Erforschung der schmalen Höhle, die zuvor noch niemand besichtigt hatte, fort.

«Tante! Zu Hilfe!» stöhnte die Naive, größte Bestürzung simulierend, um ihren Ruf zu retten.

Die Kamera zeigte jetzt eine große, vollbusige Frau mit dunklem Haar, die ohne weitere Umschweife die Bluse ihres Reitkostüms aufknöpfte, zwei gewaltige Brüste mit dunklen Warzen zum Vorschein brachte und sich zu ihrer Nichte aufs Bett legte.

«Komm, lutsch ein bißchen daran, meine Kleine», sagte sie und reckte dem entgeisterten Mädchen eine Brust entgegen. Offenbar im Glauben, ihre Tante wolle ihr ein wenig Milch anbieten, um sie zu trösten, schnappte die Kleine dankbar nach der Brustwarze, die allerdings trotz heftigen Saugens ganz trocken blieb.

Die Tante schien das nicht im mindesten verwunderlich zu finden und plötzlich von einem unwiderstehlichen Juckreiz befallen zu sein, da sie die Hand in ihrer Reithose verschwinden ließ. Vielleicht hatte sie einen Floh... Jedenfalls kratzte sie sich energisch zwischen den Schenkeln, und an dem Gesicht, das sie dabei zog, war abzulesen, daß es ein riesiges Exemplar sein mußte, das sie da piesackte.

Das Jucken schien allerdings nicht nachzulassen. Was also tun gegen dieses unerträgliche Kribbeln? Mit ihren langen, zinnoberrot lackierten Fingernägeln zog die dunkelhaarige Dame den Penis ihres Dieners aus der engen Spalte ihrer Nichte und führte ihn bei sich ein, wo er etwas mehr Platz hatte.

«Fick mich, du Schlimmer», befahl sie, «ich kümmer mich um die Kleine.»

Das Trio nahm jetzt eine recht akrobatische Stellung ein, damit die Kamera sowohl das Hin und Her des Penis zwischen den Beinen der Tante als auch deren Mund im Bild hatte, der währenddessen die Katze der hübschen Nichte leckte. (Jade hatte das Gefühl, die fleischigen Lippen der Frau auf ihrer eigenen Klitoris zu spüren.)

Gerade als beide Katzen ihr Miau anstimmten, betrat ein eleganter Herr in Jodhpur-Hose das Zimmer.

«Ihr läufigen Hündinnen!» rief er. «Hab ich euch also erwischt!»

«Himmel! Dein Onkel! Mein Gatte!»

Der Diener steckte sein Glied rasch in die Hose seiner Livree und ergriff die Flucht.

«Ihr nichtsnutzigen Frauenzimmer!» sagte der Hausherr und ließ seine Reitgerte knallen. «Jetzt habt ihr eine Strafe verdient!»

Damit versetzte er seiner Gattin ein paar kurze Schläge auf die Hinterbacken.

«Ah!» stöhnte sie, offensichtlich mehr aus Lust als aus Schmerz, denn die Gerte war nur aus weichem Gummi.

«Auf die Knie!» befahl er der Naiven und zog sie bereits vom Bett.

Die Kleidung des jungen Mädchens befand sich in einer höchst erfreulichen Unordnung. Ihre Brüste waren aus dem Korsett gehüpft, das zusammen mit den Strumpfhaltern und Strümpfen den bloßen Schoß und das nackte Hinterteil noch aufreizender betonte.

Der Onkel öffnete seine Hose und zog einen Speer von beängstigender Größe hervor.

«Lutsch daran!» befahl er.

‹Schon wieder!› schien die süße Kleine zu denken. ‹Diese Familie hat wirklich seltsame Methoden, ihren Hunger zu stillen!› Vorsichtige knabberte sie ein wenig an dem schönen Lutscher, den ihr der Onkel angeboten hatte, weil es sich schließlich nicht gehörte, einen zu großen Appetit zu zeigen. Aber er wollte offenbar, daß sie sich gierig benahm, hielt sich mit den Händen an ihren Locken fest und stieß den Lutscher tief in ihren Mund.

Im letzten Moment zog der hartherzige Onkel sich zurück und ejakulierte auf einen zierlichen Louis-Quinze-Sessel.

Als Bianca das Videogerät ausschaltete, fühlte sich Jade äußerst erhitzt und mußte zugeben, daß der Film – obwohl nicht sonderlich subtil – doch sehr wirkungsvoll gewesen war. In Cinecittà würde Gina vermutlich nie Karriere machen, aber allein ihr Anblick war so anregend, daß man ihr nicht widerstehen konnte. Ihre Brüste waren wie zarte, saftige Pfirsiche, ihre Warzen wie süße rote Trauben und ihre Hinterbacken so rund und fest wie Honigmelonen. Sie war die erotische Version eines Bildes von Arcimboldi, ein Früchtekorb zum Anbeißen, ein Festmahl, das zu Orgien einlud.

Berit und Bianca waren in verschiedene Richtungen auseinander gegangen, und Jade war allein zurückgeblieben. Sie fühlte sich so erregt von Ginas üppigen Reizen, daß eine einsame Selbstbefriedigung ihr jetzt nicht genügte. Sie wollte den Duft von Ginas Körper riechen, ihre Haut fühlen, ihre Klitoris berühren, sie zum Zittern bringen, wollte Gina bis zum Wahnsinn erregen, bis sie explodierte – und sie dann an Roland weitergeben.

Eine Stunde lang tanzte sie nackt am Strand. Dieses körperliche Training war schon immer eine gute Medizin gegen die Frustration ihrer Sinne gewesen. Wie gewöhnlich sah ihr Alejandro von weitem bei ihren Übungen zu. Ebensogut hätte er sie auch von nahem beobachten können, ohne daß Jade protestiert hätte, aber er zog es offenbar vor, sich einzubilden, daß sie nichts von seinen heimlichen Blicken wußte.

Diese naive Art, sie auszuspähen, belustigte sie und stimulierte sie zugleich. Im Geist widmete sie jede ihrer Bewegungen dem heimlichen Spion, für ihn ließ sie ihre Hüften schwingen, für ihn bog sie aufreizend das Becken vor, für ihn streckte und dehnte sie die Arme und wölbte ihre Brüste vor, als sei sie soeben aus einem wollüstigen Schlaf erwacht.

An diesem Morgen machte es ihr Vergnügen, Alejandro in seinem Versteck aufzuscheuchen. Wie ein ertappter Sünder stand er hinter dem Yucca-Beet und tat so, als widme er sich der Gartenarbeit, zupfte das Unkraut aus einem vergilbten Rasenstück und blinzelte aus den Augenwinkeln auf das kurze Handtuch, das Jade um ihre Hüften geschlungen hatte.

«Ihre Hose steht offen», informierte sie ihn.

Er errötete bis zum Haaransatz und beeilte sich, das sündige Kleidungsstück wieder in Ordnung zu bringen.

«Können Sie mich in einer halben Stunde nach Guardia fahren?» fragte Jade. «Ich muß auf die Post.»

Alejandro stimmte mit einer Art heiserem Bellen zu, das weniger mit einem Zögern als vielmehr mit dem Umstand zu tun hatte, daß er unvermittelt zwischen den Zipfeln des Frotteestoffs einen Blick auf Jades rasierte Vulva erhascht hatte. Offenbar war das, was er schon so oft und ausgiebig betrachtet hatte, um vieles spannender, wenn es halb versteckt wurde. Jade erinnerte sich an einen Choreographen, der täglich mit nackten Tänzerinnen zu tun hatte und sie trotzdem durchs Schlüsselloch beobachtete, wenn sie sich wieder ankleideten.

Alejandro erwartete sie bereits, als sie fertig angezogen erschien, in einem weißen Kleid mit Matrosenkragen, die Haare zu einem Pferdeschwanz hochgebunden. Sie nahm neben ihm auf dem Beifahrersitz Platz und legte ihre Füße auf das Armaturenbrett. Die blauen Lederriemen ihrer Sandaletten betonten den hohen Spann und die schmalen Fesseln mit den gutgeformten, schlanken Waden.

Alejandro beugte sich hinüber zum Handschuhfach. Sein

Arm streifte ihr Bein, so daß Jade, trotz der Hitze, erschauerte. Schon beim ersten Rütteln des Wagens auf der holprigen Piste rutschte ihr das Kleid hoch über die Schenkel. Sie ließ es, wo es war, schaute durch ihre Knie auf die vorbeifliegende Straße, ein wenig schläfrig von der Hitze und den Vibrationen des Motors. Sie dachte an Gina, an ihren kindlichen Schmollmund, an ihre ein wenig drallen Schultern, an die warme, feuchte Ritze zwischen den aus dem Korsett schwellenden Brüsten. ‹Ich möchte meinen Kopf da hinein wühlen›, dachte sie, ‹und die Tauben zum Gurren bringen...›

Wie in einem Sexualtraum, der in Wirklichkeit übergeht, fühlte sie Alejandros Hand über ihr Bein streichen. Es war eine knorrige und rauhe Hand, während die von Gina sicher zart und weich sein mußte.

Sie schloß die Augen und überließ sich ganz der Berührung dieser Finger, den Druck jedes einzelnen genau spürend. Als Alejandro sie losließ, um in einen anderen Gang zu schalten, winkelte sie das Knie ab und folgte seiner Hand wie ein Hund, der seinen Herrn mit dem Maul anstupst, damit er ihn weiter streichelt.

Die Hand wanderte zurück und wurde jetzt kühner, preßte sich auf die Innenseite der Schenkel, tastete sich zu der nackten Vulva und erkundete sie. Plötzlich schob sich der Daumen zwischen die Schamlippen, und der Zeigefinger glitt in die Scheide, während der Handballen die steife Klitoris massierte.

Mit geschlossenen Augen krümmte sie sich vor Lust und knöpfte ihr Kleid auf, um ihre Brüste freizumachen.

«Nein, nicht!» wehrte Alejandro ab. «Die Leute an der Straße können das sehen.»

«Eben drum», stöhnte Jade, «ich will ja, daß die anderen sehen, wenn ich meine Brust anfasse. Fahren Sie langsamer.»

Während der Wagen mit etwa 30 Stundenkilometern an den kleinen Höfen vorbeifuhr, die rechts und links des

Wegs lagen, streichelte Jade ihre Brüste und kitzelte mit dem Zeigefinger die immer spitzer werdenden Brustwarzen. Die Antwort auf diesen Reiz war ein immer stärkeres Klopfen im Unterleib, das ihr Lustdreieck vibrieren ließ und den ganzen Körper durchzuckte, bis sie sich plötzlich nach vorn krümmte, geschüttelt von einem Orgasmus, der unerwartet schnell gekommen war.

Sofort zog Alejandro seine Hand zurück, um sich selbst anzufassen. Jade war frustriert, denn trotz des eben erlebten Höhepunkts spannten ihre Brüste noch immer und ihre Klitoris war hart. Nun dabei zuzusehen, wie Alejandros Hand sich auf seinem mächtigen Glied hin und her bewegte, verschärfte noch ihr Verlangen, es in sich eindringen zu fühlen.

«Halt an!» befahl sie.

Er parkte den Wagen am Straßenrand, und sie legten sich zwischen den beiden hinteren Seitenbänken auf den Boden, wo Jade sofort Alejandros steifes Glied ergriff und in ihre Scheide steckte.

«Stoß mich, stoß mich fest!» flüsterte sie ihm ins Ohr.

Wild und heftig bohrte er sich in sie hinein, seine Zähne knirschten, und bei jedem Stoß klatschte seine schweißbedeckte Brust gegen Jades Busen. Als er kam, stieß er einen heiseren Schrei aus und sein Becken zog sich zusammen wie unter einem plötzlichen Schmerz.

Es war schon Mittag, als sie in Guardia eintrafen. Die Post hatte bereits geschlossen, aber Jade sah keinen Grund, sich darüber zu ärgern.

16. Kapitel

Mit selbstbewußtem Schritt, die Hände in den Taschen ihrer ausgeblichenen Jeans, kam Gina den baumbestandenen Weg zur Terrasse hoch. Ihr kurzes, zerzaustes Haar und das weite rote Baumwollhemd gaben ihr ein jungenhaftes Aussehen. Zur Begrüßung nickte sie kurz mit dem Kopf und sagte:

«Sehr erfreut, Ihre Bekanntschaft zu machen.»

Sie sprach Englisch, mit gesetzter Stimme und fast akzentfrei. Ihr Gesicht war ungeschminkt und nach Jades Meinung weder hübsch noch häßlich. Sie sah aus wie zahllose andere Mädchen, denen man täglich begegnet, ohne sie je beschreiben zu können.

Im Gegensatz zu dem Mädchen Rose, das Jade auf dem Bildschirm bewundert hatte, war Gina dünn, unscheinbar und ohne jede sinnliche Ausstrahlung. Sie benahm sich so still und zurückhaltend, daß man ihre Anwesenheit fast vergaß. Jade hatte eine temperamentvolle Südländerin erwartet, eine Heldin erotischer Filme, aber Ginas Ruhe und Reserviertheit entsprachen keinem dieser Stereotype.

Die Italienerin setzte sich in einen Sessel, machte die Beine breit wie ein Mann, und als sie Jade zulächelte, zeigten sich zwei kindliche Grübchen in ihren Wangen. Dann fuhr sie sich mit der Hand durch das struppige Haar, als ob sie sicherstellen müßte, daß auch keine Strähne aus der Reihe tanzte, legte den Kopf in den Nacken und schaute in die Sonne, wobei ihre grauen Augen funkelten wie Silber.

‹Wie Seen im Krater einer Vulkans›, dachte Jade. ‹Die Ruhe ist nur äußerlich, ihre Sinnlichkeit versteckt sich, dort, hinter der Iris. Und die kleinste innere Erschütterung wird diese durchscheinende Oberfläche in Wallung bringen.›

Im geheimen hoffte sie, an diesem Abend die erste sein zu dürfen, die diesen schlafenden Vulkan zum Leben erweckte.

«Ich habe heute mit Alejandro geschlafen», erklärte sie, als sie mit Roland allein war.

Sie empfand keinerlei Schuldgefühle gegenüber dem Mann, den sie liebte, und versuchte auch keineswegs, ihn zornig und eifersüchtig zu machen. Schließlich wußte sie genau, daß ihr Geständnis ihn genauso erregen würde, als ob sie sich nackt vor ihn hinstellte. Diese freiwillige Beichte war eine Art erotischen Gebens, und Roland reagierte darauf in gleicher Weise.

«Ich habe mit Gina geschlafen», sagte er.

«Wir haben es im Auto gemacht, am Straßenrand.»

«Und wir in einem Hangar am Flughafen.»

Jade stellte sich vor, wie die Körper von Roland und Gina sich auf einem ölbefleckten Zementboden wälzten, und zu ihrer eigenen Überraschung empfand sie dabei keine Eifersucht. Die Vereinigung zweier für sie begehrenswerter Menschen machte beide nur noch anziehender.

«Schenken Sie mir Gina heute abend», bat sie.

«Es ist ihr erster Tag hier und jeder muß sie nehmen. Aber du kannst anfangen.»

«Erzählen Sie... Ich will fühlen, was Sie gefühlt haben. Ich will auf Ginas Haut die Spuren Ihrer Lippen suchen...»

Roland nahm sie in den Arm und schaukelte sie wie ein kleines Kind.

«Ich habe meine Hände um ihre Brüste gelegt. Sie sind zart und weich, und sie wurden immer runder unter meinen Fingern. Dann habe ich ihre Brustwarzen geküßt, die ganz steif geworden sind unter meiner Zunge, und bin immer weiter nach unten gewandert, über ihren Bauch bis in die Leistenbeuge. Es roch gut zwischen ihren Beinen, und es war ganz heiß und feucht. Ich hab es ihr mit dem Mund gemacht.»

«Und sie? Was hat sie getan?» fragte Jade mit wachsender Erregung.

«Zuerst hat sie nur die Augen geschlossen und mich machen lassen, bis sie sich allmählich gedreht und gewunden und aufgebäumt hat, um sich gegen meinen Mund zu pressen. Daraufhin hab ich ihr mein Glied hingehalten, und sie hat es ganz tief in ihren Mund gesteckt. Mein Mund und ihr Mund haben sich in einem Rhythmus bewegt. Als sie gekommen ist, hab ich sie immer weiter geleckt, bis sie wieder so weit war, und je öfter sie kam, desto größer wurde ihre Erregung. Es war, als ob der Orgasmus nie ein Ende, sondern immer nur einen Anfang hätte... Das ist es, Jade, was ich immer am meisten an ihr geliebt habe, dieser Strom von Lust, der immer größer wird, statt zu versiegen... Ich habe sie dann genommen, und sie hat ihre Scheidenmuskeln um mein Glied gekrampft, als ob sie mich für immer da drin behalten wollte. Ihr Orgasmus hat überhaupt nicht mehr aufgehört, hat die ganze Zeit gedauert, bis ich ejakuliert habe.»

«Ich werde nie wissen, wie das ist», sagte Jade nachdenklich. «Manchmal wünsche ich mir, eine Frau lieben zu können wie ein Mann.»

«Warum nicht?» antwortete Roland. «Alles ist möglich mit der Phantasie. Du kannst ein Mann sein, wenn du es willst. Heute abend zum Beispiel...»

Zum Abendessen erschien eine völlig veränderte Gina. Sie trug ein gelbes Kleid, das aussah wie aus einem Kostümfundus. Die Korsage schnürte die Taille ein und wölbte ihre Brüste nach oben. Schultern und Dekolleté waren weißgepudert wie ihr Gesicht und auf ihrem linken Busen prangte ein kokettes Schönheitspflaster. Eine reizende Marquise, die einem Bild von Watteau entsprungen zu sein schien... Bis auf eine etwas unpassende Kleinigkeit: Mit ihrem störrischen, im Nacken kurzrasierten Haar sah die Marquise aus, als habe man sie für die Guillotine vorbereitet, und dieser ironische Kontrapunkt zu der betonten Weiblichkeit des Aufzugs verlieh Gina einen herben Liebreiz.

Berit und Bianca trugen beide schwarze pailettenbesetzte

Kleider, die sich um die Hüften falteten und vorne bei jedem Schritt aufsprangen. Beim Licht der Kerzen schimmerte der schwarze Stoff wie das Federkleid eines Raben, und die Tatsache, daß sich beide Frauen gleich angezogen hatten, hob ihre Schönheit noch mehr hervor: Berit, blond, groß, edel, wie eine Eisblume am Fenster und so gefährlich wie die unter Wasser lauernden Tiefen eines Eisbergs; Bianca, dunkel und geschmeidig wie ein Panther, dessen Zähne so scharf sind wie Rasierklingen.

Als letzte erschien Jade, in einem weißen Smoking, das lange Haar unter einem cremefarbenen Herrenhut versteckt, betont große Schritte machend wie ein Mann. Als sie Gina erblickte, war sie überwältigt. Die Sinnlichkeit, die von der jungen Italienerin ausging, war prickelnd wie Champagner.

Sie setzte sich neben Gina, die mit ihrem weißgepuderten Gesicht und dem kleinen, rotgeschminkten Mund etwas Unwirkliches hatte wie ein Pierrot, wie eine leblose, gefühllose Marionettenfigur. Aber als Jade ihren Blick in diese graue Augen tauchte, entdeckte sie ein schelmisches Funkeln: Gina spürte ihr Verlangen und spielte damit.

«Ich will dich», sagte Jade, obwohl diese Erklärung eigentlich nicht mehr nötig war.

Gina lächelte kokett, zeigte wieder ihre unwiderstehlichen Grübchen und sagte geziert: «Sie sind sehr verwegen, junger Mann!»

‹Ich will sie in die Lippen beißen›, dachte Jade, ‹und meine Zunge zwischen ihre weißen Zähne schieben. Ich will ein langes und hartes Glied haben, in sie hineinbohren, daß sie stöhnt und schreit und wieder und wieder kommt, bis sich mein Sperma in einem langen, dicken Strahl in ihr ergießt...› Sie fühlte, wie ihre Klitoris angesichts dieses Wunschtraums so hart wurde, daß sie sich vorstellen konnte, ein männliches Glied zu haben, so groß und steif, daß sie es in beide Hände nehmen und reiben konnte.

Sie legte ihre Hand auf Ginas Hals, streifte mit den Fingern über die schneeweiße Kehle bis hinunter zum Dekolleté und lüftete aus der gelben Seide einen bleichen, schwellenden Busen, der nun dalag wie eine köstliche Frucht in teurer Verpackung.

Jade kostete die Frucht. Sie hatte einen süßen Duft und schmeckte nach einer berauschenden Mischung von Vanille und Ilang-Ilang. Als sie ihr Gesicht in den beiden weichen, runden Kugeln vergrub, waren sie tatsächlich so zart und feucht wie in ihrer Vorstellung. ‹Ich bekomme eine Erektion›, dachte sie, ‹groß genug, daß Gina brüllt vor Lust, daß sie wieder und wieder kommt... Ich bin Roland, und ich werde ihr zeigen, wer ihr Herr ist!›

Sie ließ Gina nach hinten über ihren Stuhl kippen und lüftete die schweren Falten ihres gelben Kleides. Ein Satinpumps mit einem goldenen Knopf fiel von einem entzückenden kleinen Puppenfuß mit winzigen, regelmäßigen Zehen, deren ovale, permuttlackierte Nägel leuchteten wie reinste Perlen. Jade legte ihre Lippen auf den Spann, ließ sie nach oben wandern über den Knöchel, die geschwungene Wade, das Knie und den Oberschenkel bis hinauf zu der dunklen, geheimnisvollen Höhle, von der sie geträumt hatte, die sie besitzen mußte.

Dort wartete das Organ der Wollust, rot, geschwollen, riesengroß, zitternd bei der ersten Berührung von Jades Lippen und immer steifer werdend unter ihrer Zunge. Sie biß hinein, sie saugte daran, und es wuchs immer noch. Noch nie vorher hatte Jade eine so große Klitoris gesehen.

Sie legte ihre Smokinghose ab und befestigte einen künstlichen Penis an den Lederriemen, die sie um die Hüften geschlungen hatte. Endlich reckte sich ein männliches Glied zwischen ihren Beinen. Sie fühlte, daß es zitterte, vor Verlangen in Ginas Scheide zu versinken, in diesem heißen Saft. Sanft massierte sie Ginas Vulva und streckte ihr das Glied ins Gesicht.

«Sag, daß du ihn willst!» befahl sie.

«Nimm mich, gib ihn mir!» flehte Gina.

Jade spreizte Ginas Beine auseinander und drang ein. Bei jedem Stoß drückte sich der Gummipenis gegen ihren eigenen Schamhügel und vergrößerte ihre Gier. Sie schloß die Augen und konzentrierte sich auf die Stelle, die ihr soviel Lust bescherte, und im Geist sah sie sie nicht rund und flach, sondern lang und länger werdend, bis sie in ihrem Rausch die wohlbekannte Form von Rolands Penis angenommen hatte. Er war es jetzt, der sich in Gina rammte, der sie zum Höhepunkt bringen und sich gleich in ihr entleeren würde. Jade meinte zu spüren, wie das Sperma ihren Penis anschwellen ließ, konzentrierte sich darauf, seinen Weg durch den Schaft zu verfolgen, stellte sich vor, wie der erste Tropfen aus der Eichel brach – und wurde geschüttelt von einem heftigen Orgasmus. Das Phantasiebild war so lebhaft gewesen, daß sie fast erstaunt war, nicht wirklich ejakuliert zu haben.

«Mehr!» flehte Gina.

Wieder vollendete der unermüdliche, immer steife Gummipenis sein Werk.

‹Ich bin ein Mann, ich bin ein Mann...› wiederholte sie sich lustvoll immer wieder, während sie Gina aufspießte, in ihre nackten Brüste biß und ihre Hinterbacken umklammerte, um sie ihre ganze Kraft fühlen zu lassen, um sie in ihren Armen zu zermalmen.

Als Jade sie Roland und den anderen überließ, bebte Gina noch immer in einem wüsten Durcheinander von zerdrückter gelber Seide.

Jade wollte eben wieder ihre Hose schließen, als sie die Hände eines Mannes um ihre Taille fühlte. ‹Roland...› dachte sie hoffnungsvoll, aber als sie sich umdrehte, erkannte sie Peter.

«Was wollen Sie hier?» fragte sie streng.

«Man hat mich doch eingeladen. Erinnern Sie sich nicht, im Restaurant...»

Er vergrub seine Hand in der weißen Smokinghose und streichelte Jades glatte Vulva. Jade erbebte, tastete nach dem Hosenschlitz des Amerikaners und fand ihn bereits geöffnet. Sein Glied war ganz steif, und sie begriff jetzt, daß Peter offenbar von Anfang an zugeschaut hatte.

«Sind Sie schon lange da?» fragte sie.

«Ich war auf der Terrasse, wollte eben nach Hause gehen.»

«Und was ist das?» fragte Jade, während sie sein Glied kräftig massierte.

Obwohl der Mann selbst ihr nicht gefiel, war sie doch merkwürdig erregt von der Größe seines Glieds, das auf dem dunklen Beobachtungsposten draußen auf der Terrasse zu einem mächtigen Pfahl angewachsen war, nur durch den Anblick der Frau, deren Hände ihn jetzt umspannten.

«Ist Tina bei Ihnen?» fragte sie und dachte an den kindlichen milchweißen Körper der Engländerin. Sie wollte ihn besitzen wie ein Mann, in sie eindringen und sie vor Lust beben fühlen in ihren Armen.

«Nein, sie mag solche Parties nicht.»

«Das wundert mich aber», meinte Roland, der inzwischen zu ihnen gestoßen war.

«Tina ist sexuell uninteressiert», versicherte Peter.

Jade und Roland brachen in ein lautes Gelächter aus.

«Uns hat sie das Gegenteil bewiesen», sagte Roland, indem er eine Schublade der Anrichte aufzog und ein Fotoalbum herausnahm. «Nun, erkennen Sie sie wieder?»

Verschiedene Aufnahmen zeigten Tina in allen Stadien der Liebe. Zuerst mit nackten Brüsten und einem letzten, schwachen Sträuben, dann hingegeben daliegend, überwältigt vom Orgasmus.

Ungläubig nahm Peter jedes einzelne Foto in Augenschein. Seine Hände zitterten wie bei einem Schuljungen, dem man zum erstenmal freizügige Fotos zeigt.

«Ich will sie nehmen. Vor Ihren Augen, wie ich Gina genommen habe», sagte Jade, während sie den überdimensionalen Penis des Amerikaners liebkoste.

«Sie ist sehr schön. Wir haben sie alle gehabt und befriedigt», verkündete Roland.

«Sie gehört mir», stammelte Peter, «Sie hatten nicht das Recht dazu!»

«Sie müssen sie schon herbringen, wenn Sie an unseren Spielen teilhaben wollen», forderte Roland. Mit einer vielsagenden Geste auf Gina, Berit und Bianca, die zärtlich umschlungen auf dem Teppich lagen, fügte er hinzu:

«Hier gehört niemand einem anderen.»

17. Kapitel

Es war eine schwüle, fast gewittrige Nacht voller Geräusche von raschelnden Blättern und kreischenden Affen. Die Pferde gingen im Schritt, die Farne unter ihren Hufen zertretend. Plötzlich drang der Vollmond durch das Laub der Bäume und die Meeresbucht war zu erkennen.

«Wir halten hier», sagte Alejandro, «und gehen zu Fuß weiter.»

Sie stiegen ab und banden die Pferde an einen Baumstumpf. Ein paar Meter vor ihnen lag das Ufer, eine phosphoreszierende, gewundene Linie, die sich mit der Strömung auf und ab bewegte. Von dort würden die Schildkröten kommen. Wenn man sie sehen wollte, mußte man sich verstecken, stumm und regungslos.

Gina und Jade blieben folgsam dicht bei Alejandro und versuchten, das Dunkel mit den Augen zu durchdringen. Es war für sie beide ungewohnt, und mit der Zeit kam es ihnen vor, als ob sich die Felsen bewegten und Meeresungeheuer aus dem Wasser stiegen.

Als plötzlich eine höhere Woge an den Strand spülte, packte Alejandro Jade beim Arm und zeigte auf eine dunkle Masse, die auf dem Sand zurückgeblieben war. Das erste Tier war gelandet. Es war fast so groß wie ein Bootswrack, und bald kam ein zweites, dann ein drittes hinzu.

Da lagen sie nun, die drei Schildkröten, nur wenige Meter von ihren stummen Beobachtern entfernt. Jade verspürte eine Art Krampf im Bauch, ein Gefühl wie von körperlicher Begierde. Nun setzten sich die Reptilien in Bewegung und krochen im Zeitlupentempo aufeinander zu. Furchterregend wie Alpträume reckten sich die großen Köpfe aus den Panzern, aus zwei kleinen Löchern lugten die Augen und ein riesiges Maul zog sich durch die ledrige, rissige Haut.

Auf der Düne angekommen, machten sich die Schildkröten sofort ans Werk und gruben mit den Hinterflossen das Loch für ihr Gelege in den Sand. An ihren Grimassen, ihrem dumpfen Brüllen, ihren langsamen und mühseligen Bewegungen war zu erkennen, wie schwer ihnen diese Arbeit fallen mußte.

Gina drückte sich fest an Jade, die auch eine seltsame Erregung verspürte, eine Mischung aus Schrecken und Hingerissenheit, die beide in einen fiebrigen Zustand versetzte.

«Jetzt können wir näher herangehen», sagte Alejandro, als die schweren Kolosse sich mit deutlichen Anzeichen von Erschöpfung daran machten, ihre Eier mit Sand zu bedecken, um sie vor der räuberischen Gier der Vögel zu schützen.

Beherzt traten Gina und Jade an die Tiere heran und berührten mit den Fingerspitzen das höckrige Leder des Panzerschilds.

«Sie tun euch nichts», sagte Alejandro, «außerdem sind sie im Moment ohnehin müde. Wenn ihr wollt, können wir uns auf ihren Rücken setzen und ein Wettreiten zum Ufer veranstalten. Die Tiere sind so massig, daß wir für sie federleicht sind.»

Gina legte ihre Kleider ab und legte sich lang auf den Panzer der größten Schildkröte.

«Ich hab ein bißchen Angst», sagte sie, «aber es ist trotzdem ein angenehmes Gefühl.»

Nach einem kurzen Augenblick des Zögerns folgte Jade ihrem Beispiel. Ihr nackter Körper erschauerte beim Kontakt mit der rauhen, buckligen Oberfläche. Plötzlich ging ein Vibrieren durch den gewaltigen Rückenschild, und ihr Reittier setzte sich mühsam in Bewegung. Zutiefst erschrocken, sprang Jade zurück auf den Sand, wo Gina sie bereits, ebenfalls angstzitternd, erwartete.

Laut lachend trat Alejandro zu den beiden Frauen, um sie in den Arm zu nehmen und zu beruhigen. Jade zitterte immer noch, aber ihre Angst verwandelte sich mit einem Schlag in heftige Begierde. Sie schmiegte sich fest an ihre beiden Begleiter, fühlte Ginas nackte Brüste und Alejandros starken Arm, den er um ihre Schultern gelegt hatte. Sie tastete nach seinem Glied und fand Ginas Hand bereits in seinem Hosenschlitz. Gemeinsam und im gleichen Rhythmus massierten sie seinen Penis und preßten dabei ihren Unterleib aneinander, daß sie aussahen wie siamesische Zwillinge.

Plötzlich verloren sie das Gleichgewicht und fielen in den Sand. Alejandro lag auf dem Rücken, die beiden Mädchen über ihm, ihre Brüste direkt vor seinem Gesicht. Wie Romulus mit der Wölfin, saugte und biß er mal an der einen, mal an der anderen Zitze, während sich die beiden Frauen sein dickes Glied teilten, ihn abwechselnd bestiegen, bis er nicht mehr wußte, in welcher von beiden er sich ergossen hatte.

«Jade, meine Süße, meine Liebste, mach es mir, mach es mir noch mal!» schrie Gina.

Ihre Scheide triefte von Sperma. Jade leckte es ab und steckte ihre Zunge tief in die nasse Spalte.

«O ja, das ist gut», stöhnte Gina. «Nimm sie, Alejandro, sie ist so schön, verwöhne sie...»

Alejandro preßte seinen Mund zwischen Jades Beine. Seine Bartstoppeln piekten und steigerten ihr Verlangen noch mehr. Sie verschlang Ginas Klitoris, machte es wie Alejandro bei ihr, und es war, als ob sie an ihrem eigenen Geschlecht saugte. In ihrer Vorstellung war es ihre Klitoris, dieses pflaumendicke Ding, das da zuckte bei der kleinsten Berührung, und sie war wie Gina, konnte kommen und kommen, immer wieder.

Eine Serie von Orgasmen explodierte zwischen ihren Beinen. Der letzte erschlug sie wie ein Blitz. ‹Ich existiere nicht mehr, bin nicht da›, dachte sie, ‹ich treibe für immer auf dem Grund eines lauen, warmen Meeres.›

Als sie die Augen öffnete und sich wieder erhob, waren die drei Schildkröten im Ozean verschwunden. Sie schwammen bereits im tiefen Wasser, wo weit draußen die Männchen auf sie warteten.

«Ich schlafe heute bei dir», sagte Gina, als sie zurück waren und vor Jades Bungalow standen.

Jade war ganz glücklich über dieses Angebot, denn sie hatte auch große Lust, noch ein wenig mit der Freundin zu schmusen. Sie stellte sich vor, wie schön es sein würde, engumschlungen mit diesem warmen, samtweichen Kätzchen im Bett zu liegen.

«Hast du denn auch Nachthemden?» fragte Gina.

«Ganz sicher nicht!» lachte Jade.

«Aber die brauchen wir, unbedingt! Lang bis auf den Boden und bis zum Hals zugeknöpft. Warte, ich werde uns welche holen.»

Kurz darauf erschien sie wieder, von Kopf bis Fuß in ein sittsames Hemd aus gestärkter weißer Baumwolle gehüllt, ein weiteres Exemplar dieser Sorte in der Hand.

«Da, zieh das an.»

«Aber warum? Es ist doch so heiß!»

«Dann drehen wir eben die Klimaanlage etwas herunter. Warst du eigentlich nie im Internat?»

«Nein, nie.»

«Wir spielen heute Schlafsaal. Das Licht ist aus, die Aufseherinnen haben sich zurückgezogen, und ich klettere jetzt zu dir ins Bett. Hast du verstanden?»

Jade zog das Nachthemd über. Es war so fest gestärkt, daß es wie eine Glocke um ihren Körper stand, ihn nicht berührte und ihr ein köstliches Gefühl von keuscher Nacktheit gab. Sie legte sich aufs Bett, und Gina kam sofort zu ihr.

«Im Internat nannten wir das ‹die Lampe anzünden›», flüsterte Gina. «Du faßt deine Lampe an und ich meine. Ich mach das schon, seit ich ganz klein war. Deshalb ist meine Lampe auch so groß. Faßt du dich gerne an?»

«Ja», murmelte Jade und streichelte sich zärtlich.

«Oh, ich komme!» flüsterte Gina bald darauf mit zitternder Stimme. «Jetzt müssen wir die Batterie austauschen.»

Sie nahm Jades Hand und legte sie auf ihre zuckende Scheide, während sie selbst sich mit drei Fingern zwischen die Beine der Freundin bohrte.

«Mach es genauso wie ich», befahl sie. «Liebst du mich? Weißt du, ich kann es am besten hier im Saal, und mit dir mach ich es am liebsten. Wenn du willst, werd ich dir jede Nacht die Batterie einlegen.»

«Aber das ist doch verboten! Wenn uns nun die Aufsicht erwischt...»

«Die machen das doch auch untereinander. Ich hab sie durchs Schlüsselloch beobachtet. Es gibt sogar einige, die es sich mit dem Mund machen. Willst du mal probieren?»

«Nein, das tut man nicht», sagte Jade, die zum zweitenmal gekommen war, so heftig und aufregend war die Vorstellung, bei etwas Verbotenem überrascht zu werden.

«Angsthase!» sagte Gina. «Zur Strafe wirst du jetzt dein Nachthemd hochziehen und ich beiße dich in deinen kleinen Hintern.»

«Nein, hör auf! Du bist ja verrückt. Gleich schreie ich, und dann wird man uns erwischen.»

«Dreh dich rum!» kommandierte Gina. «Zeig mir dein Hinterteil, deinen süßen kleinen Arsch.»

Jade gehorchte. Gina biß zärtlich in ihre Hinterbacken, spreizte sie dann auseinander und steckte ihre Zunge in den Anus.

«Faß dich gleichzeitig vorne an. Tut das gut, ja? Kommst du? Du mußt mir jedesmal sagen, wenn du kommst.»

«O ja, ich komme!» stammelte Jade.

«Jetzt bin ich dran, komm!»

Gina legte sich auf die Seite und reckte Jade erwartungsvoll ihr Hinterteil entgegen. Jade leckte ihr die Furche und steckte ihren Zeigefinger in die Öffnung, daß Gina zuckte wie unter einem elektrischen Schlag.

«Mehr, mehr! ... Tiefer! ... Schneller! Nimm zwei Finger, bitte...»

Erst als der Morgen bereits dämmerte, war Gina ganz befriedigt und schmiegte sich zärtlich an Jade.

«Ich fühle mich so wohl, daß ich gar nicht müde bin», murmelte sie in das Ohr der Freundin. «Ich kann einfach nichts dafür, daß ich immer Lust habe. Schon als ich ganz klein war, hab ich dauernd masturbiert, mit allem, was ich finden konnte.»

«Und deine Eltern? Haben die das gewußt?»

«Es war kaum zu übersehen, und ich habe fürchterliche Strafen ausgestanden. Einmal hat mein ältester Bruder einen Schulfreund zu uns eingeladen, einen großen, mageren Jungen voller Pickel. Ich habe mich mit ihm auf dem Speicher eingeschlossen und ihm gesagt, daß er den Schlüssel zur Tür erst bekommt, wenn er mir's macht. Der Ärmste hat schon ejakuliert, bevor ich auch nur den Rock hoch hatte. Er hat richtig geheult. Und danach hat man mich ins Internat gesteckt.»

«Und das Spiel mit der Lampe, hast du das wirklich gemacht im Internat?»

«Jeden Abend. Ich habe alle Mädchen im Schlafsaal verführt und einmal sogar eine Aufseherin.»

«Ach, erzähl mal», bat Jade, neugierig geworden.

«Eines Abends hat sie mich dabei erwischt, wie ich unter der Dusche masturbiert habe, und hat mir befohlen, auf ihr Zimmer zu kommen. Sie war ungefähr dreißig und hätte sehr hübsch ausgesehen, wenn sie nicht immer einen so häßlichen Knoten und so plumpe Kittel getragen hätte. Zuerst hat sie mir gesagt, daß ich mich schämen soll. Ich habe also ein bißchen geweint, und sie hat mich auf ihren Schoß gesetzt, um mich wieder zu trösten. ‹Sie sind so schön›, hab ich gewimmert, ‹Sie haben so weiches Haar. Warum machen Sie nie Ihren Knoten auf?› Sie hat gelacht und die Haarnadeln herausgenommen. Mit den vielen Locken auf den Schultern war sie wirklich sehr schön, und ich habe mich nicht mehr beherrschen können und meine Hand in ihre Bluse gesteckt. Darauf ist sie ganz rot geworden und hat gesagt, ich wär ein schlimmes Mädchen. ‹Wie können Sie behaupten, daß das schlimm ist, wenn Sie es nicht wenigstens mal probiert haben?› hab ich protestiert. Da ist sie sehr wütend geworden und hat mich weggeschickt, aber danach war sie trotzdem nicht mehr so unfreundlich wie früher, und einmal bin ich mitten in der Nacht zu ihr ins Bett, und da hat sie dann nachgegeben.»

«Ich glaube dir kein Wort», sagte Jade, «das hast du doch alles erfunden.»

«Und wenn schon. Auf jeden Fall ist es eine schöne Geschichte und außerdem beinahe wahr. So, jetzt bin ich müde. Wollen wir schlafen?»

Das Gesicht an Jades Busen gedrückt, war sie im Nu eingeschlafen. ‹Seltsam›, dachte Jade, ‹wie hab ich nur eine Sekunde lang denken können, daß sie unscheinbar und reizlos ist?›

18. Kapitel

Hoch zu Roß, im Sattel ihres temperamentvollen Hengstes, kam Bianca den Strand entlanggaloppiert und brachte das Pferd direkt vor Jade und Gina zum Stehen.

«Ich habe den Amerikaner getroffen. Er ist unterwegs zu uns. Mit Tina.»

«Wer ist das, der Amerikaner?» fragte Gina.

Jade und Bianca prusteten vor Lachen. Offensichtlich war Gina an ihrem ersten Abend auf der *Finca Verde* zu beschäftigt gewesen, um den Besuch von Peter bemerkt zu haben.

«Er ist ein Schwindler, der sich nicht an unsere Spielregeln halten will», antwortete Bianca.

Am anderen Ende der Bucht tauchten jetzt die Umrisse zweier Gestalten auf.

«Da sind sie», sagte Bianca, «ich glaube, daß Rolands Lektion inzwischen gewirkt hat.»

Als die beiden näher kamen, war zu erkennen, daß sie Hand in Hand gingen. Tina trug einen kurzen, leichten Rock über einem sehr tief ausgeschnittenen Badeanzug und winkte ihnen schon von weitem fröhlich zu.

«Ein hinreißendes Mädchen!» rief Gina und leckte sich unwillkürlich die Lippen, blieb jedoch ganz reserviert und unbeteiligt, als das unbekannte Paar vor ihnen stand. ‹Sie ist im Grunde schüchtern, obwohl sie sich nach außen so verwegen gibt›, dachte Jade, die immer wieder neue Züge an Gina entdeckte.

Tina umarmte alle zur Begrüßung. Im Sonnenlicht leuchteten ihre roten Haare wir frischpoliertes Kupfer. Ihr schwarzer Badeanzug legte sich wie eine zweite Haut um ihren Körper, schmiegte sich an ihren Busen und betonte die weiße, von Sommersprossen übersäte Haut.

Jade gab ihr einen Kuß auf den Nacken und flüsterte ihr dabei etwas ins Ohr. Tina lächelte und errötete leicht.

«Das liegt daran, daß ich glücklich bin…» gestand sie.

Mit einem verstohlenen Blick auf ihre nur mit zwei winzigen, leichten Stoffdreiecken bedeckten Brüste, trat Peter zu Gina und sagte: «Ich meine, ich habe Sie schon einmal irgendwo gesehen.»

«Mich haben viele Leute gesehen, ohne daß ich sie bemerkt habe», antwortete Gina, die es amüsant fand, sich geheimnisvoll zu geben. «Waren Sie vielleicht schon einmal in Italien?»

«Oh, ich weiß! Im Kino! Ich habe Sie im Kino gesehen!»

Er kam noch etwas näher, offensichtlich unter dem Eindruck einer höchst vergnüglichen Erinnerung, die gewisse Gefühle in ihm wachrief. Jade dachte daran, daß sie selbst ähnlich empfunden hatte, als sie Gina auf der Leinwand gesehen hatte. Inzwischen wußte sie auch, daß Gina die Rolle der kleinen, verführten Unschuld nicht gespielt hatte. Sie hatte sie erlebt, mit der Intensität eines Kindes, das sich seinen Träumen hingibt.

Sie machten sich gemeinsam auf den Weg zur Villa, wo sie Roland und Berit am Pool antrafen. Roland trug einen alten, abgetragenen Khakianzug. ‹Wie schön er ist!› dachte Jade und spürte einen kurzen Stich im Herzen. Seit ein paar Tagen hatte sie das Gefühl, ihm weniger nahe zu sein.

Otilia servierte eine Erfrischung und versteckte sich sofort wieder. Jade hatte bereits bemerkt, daß Alejandro immer eifersüchtiger wurde. Wahrscheinlich hatte er seiner Verlobten verboten, sich zu zeigen, wenn sich im Haus ein Liebesfest ankündigte.

«Wir sollten vielleicht ein wenig schwimmen», schlug Berit vor und knotete ihr seidenes Hüfttuch auf.

«Eine gute Idee», meinte Peter und befreite seinen leicht üppigen Bauch aus den engen Jeans, während Tina ihm zögernd einen Blick zuwarf.

«Komm!» sagte er und löste den Gürtel ihres Rocks. Tinas lange milchweiße Schenkel kamen zum Vorschein. Aufreizend wölbte sich der Badeanzug über ihrem Schamhügel.

Als Peter ihr die Schulterträger abstreifte, sprangen Tinas Brüste aus dem Trikot, zwei feste, runde Kugeln mit winzigen, steifen Brustwarzen.

«Ist sie nicht schön?» erkundigte er sich überflüssigerweise. «Heute gehört sie allen. Ich schenke sie euch. Sie will es auch.»

Gina stand nur ein paar Zentimeter von der Engländerin entfernt. Mit einer ganz vertrauten Geste fuhr sie ihr durchs Haar, und in ihren grauen Augen war zu lesen, welche Gefühle sie dabei empfand.

«Gina zuerst», sagte Jade, «sie ist die einzige, die Tina noch nicht gehabt hat.»

Der Amerikaner sah etwas bestürzt aus. Jade wußte genau, daß er Tina nur deshalb so großzügig angeboten hatte, weil er damit rechnete, gleich die Italienerin zu bekommen. Aber Gina hatte ihren Kopf schon zwischen Tinas Brüsten vergraben und zog ihr das Badetrikot über die Beine.

Augenblicklich wandte sich Peter einem neuen Opfer zu, sprang in das Becken und schwamm zu Berit, die wie eine Nixe auf der Wasseroberfläche trieb. Er stellte sich in das flache Wasser, packte Berit um den Leib und setzte sie auf sein steifes Glied.

Berit legte ihre Schenkel um seine Taille. Ihrer beider Körper hatten die goldene Farbe reifen Weizens, aber Berit war so dünn, daß sie vor Peters mächtigem Brustkorb verschwand.

Es sah aus, als habe sich ein seltsames, zweiköpfiges Wasserungeheuer im Schwimmbecken niedergelassen.

Der Amerikaner hielt Berit fest an den Hinterbacken, die bei jedem Stoß auf das Wasser klatschten und dabei so viel Lärm machten, daß ein paar verschreckte Kolibris aus den Hibiskussträuchern am Rand des Pools aufflogen.

Nur Tina und Gina hörten nichts, außer ihrer inneren Stimme, die ihnen sagte, daß der Orgasmus kommen will, aber daß man sich noch ein wenig zurückhalten muß, damit er um so stärker explodiert.

Wie es sich für dankbare Zuschauer bei einem Feuerwerk gehört, riefen Jade, Roland und Bianca begeistert «Oh, die weiße Rakete geht ab!», als Tina unter Ginas Zunge fast ohnmächtig wurde, und «Oh, was für ein herrlicher Funkenregen!», als Gina ruckweise kam, völlig außer sich und taumelnd die Hand der Engländerin zwischen ihre Schenkel pressend.

Berits Stöhnen und Peters Klatschen fielen mit ein in den allgemeinen Wonnetaumel. Dieses Flüstern, Stöhnen und Schreien hatte Bianca und Jade in höchste Glut versetzt. Mit hochroten Wangen hielten sie sich um die Taille gefaßt und starrten wie gebannt auf das Schauspiel, um sich nichts entgehen zu lassen. Sogar die kleine Otilia hatte ihren Kopf aus dem Küchenfenster gesteckt, um die Szene zu bewundern.

Plötzlich erschien Alejandro und unterbrach dieses Fest mit der Ankündigung: «Ein Boot hat am Strand angelegt.»

Roland und Bianca stellten sich auf die Düne und beobachteten die beiden Männer, die den Weg zum Haus hinauf kamen. Beide hatten einen Bart und waren sehr braun. Unten im Wasser lag ein kleiner Segler vor Anker.

«Der Strand gehört allen», sagte Roland, «aber ich werde trotzdem versuchen, die beiden loszuwerden.»

Berit tauchte aus dem Wasser auf und trat zu ihnen.

«Warum laden wir sie denn nicht einfach ein?» schlug sie vor, in einem Ton, als sei sie eben aus der Mittagsruhe erwacht.

«Wenn's dir Freude macht...» sagte Roland, ging den beiden Seefahrern entgegen und stellte sich vor.

«Ich bin Dick und mein Freund hier heißt Rob», sagte der Mann mit dem dichteren Haar. «Wir wollten fragen, ob wir bei Ihnen etwas Wasser nachtanken können.»

«Sind Sie schon lange unterwegs?»

«Wir sind über die Tuamotu-Inseln von Tahiti gekommen und hatten eine zwei Monate lange Flaute 200 Kilometer südlich von Hawaii... Es tut gut, wieder ein paar menschliche Wesen zu sehen.»

«Sie können heute bei uns übernachten, wenn Sie wollen», sagte Roland. «Aber morgen müßten Sie dann wieder abreisen.»

«Einverstanden.»

Roland führte sie hinauf zur Terrasse, wo Gina und Tina noch splitternackt auf ihren weichen Kissen lagen. Sittsam wandten die beiden Neuankömmlinge ihre Blicke ab.

«Sind Sie Amerikaner?» fragte Peter.

«Ja, aus Kalifornien.»

«Ich mag die Kalifornier», meinte Berit. «Sie sind so locker. Aber sagen Sie, so lange auf einem Boot, ohne Frauen, ist das nicht hart? Es sei denn, Sie beide...»

«Aber nein», beteuerte Rob eilig, «wir sind nicht homosexuell.»

Zum Abendessen hatte Otilia den Tisch für neun Personen auf der Terrasse gerichtet. Man hatte beschlossen, zu Ehren der Gäste Abendkleidung anzulegen. Peter und Roland sollten weiße Smokinganzüge tragen, die Damen lange Abendkleider.

Jade lieh Tina noch einmal das enge schwarze Kleid, das ihren jugendlichen Reiz so gut zur Geltung brachte und sich nach ein paar Korrekturen noch ein wenig straffer um ihre Hüften legte. Für sich selbst wählte Jade eine Tunika von der

Farbe ihrer Augen und legte goldene Armbänder und Knöchelriemen an. Sie wollte barfuß gehen, wie eine Sklavin.

Gina holte die beiden ab. Sie trug ein Kleid aus einem schillernden Stoff, der das Licht einfing und die geschwungene Linie ihrer Schenkel durchscheinen ließ. Ein breites Band bändigte ihr Haar und machte sie so appetitlich wie eine Schachtel kostbarer Pralinen.

Bianca und Berit verließen beinahe gleichzeitig ihre Bungalows, die eine in Rot, die andere in Weiß gekleidet, wie Feuer und Eis. Gemeinsam gingen die fünf Frauen die Allee zum Haus hinauf, eine feenhafte Vision für die beiden Seefahrer, die in verwaschenen Jeans und T-Shirts auf der Terrasse erschienen waren.

«Wir sind zwar nicht ertrunken, aber trotzdem im Paradies!» rief Dick.

«Vorsicht vor Meerjungfrauen», sagte Rob, «sie sollen die Seeleute ins Verderben stürzen... Bitte, verzeihen Sie unsere Piratenkleider, wir hatten nichts anderes an Bord.»

«Das ist unwichtig, auch eine Kutte macht noch keinen Mönch. Wichtiger ist, was darunter steckt», meinte Berit hintersinnig. Sie nahm Dick beim Arm und fügte hinzu: «Sie sind sehr muskulös... Offenbar haben Sie viel trainiert auf Ihrem Boot. Sieht aus, als wären Sie prima in Form.»

«Oh, ich kann nicht klagen», rühmte er sich, den Kopf erhoben wie ein Hahn, der über den Hühnerhof spaziert.

Bei Tisch stellten die Kalifornier ihre gute Gesundheit unter Beweis.

«Möchten Sie vielleicht noch eine fünfte Scheibe von dem Braten?» fragte Bianca.

«Ich mag Männer mit großem Appetit», versicherte Berit, der es gelungen war, zwischen Dick und Rob Platz zu nehmen. Von Zeit zu Zeit tastete sie nach den Schenkeln der beiden, wie um sich zu vergewissern, daß sie immer noch fest und kräftig waren.

Gina hatte kaum etwas gegessen. Sie saß kerzengerade auf ihrem Stuhl zwischen Peter und Jade, hatte die Augen halb geschlossen und schien irgendwelchen transzendentalen Meditationen nachzuhängen. Jade, die beobachtet hatte, wie sich Peters Hand unter den durchsichtigen Rock seiner Nachbarin geschoben hatte, wußte, daß dem nicht so war. Sie beobachtete die Freundin aus den Augenwinkeln, zärtlich berührt von Ginas unersättlicher Wollust. Wie eine Katze, die sich an den Beinen eines Unbekannten reibt, damit er ihr den Rücken streichelt.

Als Otilia das Dessert servierte, belebte sich plötzlich die große Leinwand vor der Mauer.

Überlebensgroß erschien der Körper von Jade. Sie lag auf dem Bett, die langen Haare auf dem Kopfkissen ausgebreitet, und liebte sich.

Dick verschluckte sich an seinem Bissen und mußte heftig husten, so daß Berit ihm ein paar kräftige Schläge auf den Rücken gab.

«Na, nun kommen Sie mal wieder zu sich», schalt sie ihn. «Das ist nicht der richtige Augenblick für den letzten Seufzer.»

Im Vordergrund trat jetzt Peter ins Bild und kniete sich neben das Bett. Lange massierte er seinen riesigen Penis und ejakulierte dann auf Jades Brüste, auf denen das Sperma langgezogene, perlmuttfarbene Spuren hinterließ.

Als der Amerikaner sich erkannte, wurde er krebsrot und schaute ängstlich zu Tina. Sie lächelte ihn heiter an, bei weitem mehr interessiert an der Hand, die Roland unter ihre Hinterbacken geschoben hatte, als an den Beweisen für Peters Untreue.

Es erwies sich als vorteilhaft, ihn nicht beschimpft zu haben, denn nun war sie selbst an der Reihe. Die versteckte Kamera hatte die ganze Szene ihrer Kapitulation im Bild festgehalten, den Unterricht in Masturbation und Rolands Penetration. Tina schämte sich nicht im mindesten, sondern war ganz fasziniert von ihren eigenen Bildern, die zusammen mit Rolands Fingern offenbar ihre Wirkung taten. Ihre Pupillen wurden starr, die Nasenflügel bebten und die weißen Brüste hoben und senkten sich in einem regelmäßigen Rhythmus.

Niemand war bei dieser Filmmontage vergessen worden. Auch Roland, Berit, Bianca und Gina wurden bei ihren Liebesexzessen gezeigt, und nach einer Viertelstunde waren die beiden Seefahrer dem Ersticken nahe.

Berit kam Dick zu Hilfe, legte ihn auf ein Bodenkissen und macht sich daran, ihm die Hose auszuziehen. Sie sah aus wie eine Löwin, die ihre Beute aus dem Balg schält, und der man sich besser nicht nähert. Als sie jedoch zum Wesentlichen vorgedrungen war, wurde sie sehr enttäuscht. Das kleine, weiche Glied, das sie vorfand, rechtfertigte nicht im entferntesten ihre Eile.

«Ich fühl mich nicht wohl, hab zuviel gegessen, und alles schaukelt um mich herum», entschuldigte sich der Angeber.

«Ach, jetzt ist er seekrank geworden!» rief Berit.

Immerhin stellte Rob die Ehre der Seefahrer wieder her, als sich Bianca zur Wiederbelebung über ihn beugte und ihm den Ausblick auf ihre runden, dem Ausschnitt entquellenden Brüste bot. Sie zog den Reißverschluß seiner Hose auf und förderte eine gewaltige Erektion zutage, die der junge Mann ihr nur zu gern zuteil werden ließ. Er packte ihre Brüste, ließ sie aus der Korsage springen und massierte die dunklen, geschwollenen Brustwarzen. Bianca lüftete den Rock über ihre nackten goldbraunen Hinterbacken und setzte sich auf Robs steifes Glied. Das ovale Gesicht verzerrt von Erregung, bewegte sie sich ein paarmal auf und ab, als der junge Mann sich schon unter ihr krümmte und einen kurzen Schrei ausstieß. Er hatte vorzeitig ejakuliert. Bianca erhob sich und stampfte mit dem Fuß auf vor Frustration.

«Offenbar randvoll mit Sperma, wie bei einem überlaufenden Krug», bemerkte Gina weise.

«Soll mir bloß keiner mehr mit dem Loblied auf die Enthaltsamkeit kommen!» zischte Berit verächtlich.

Die beiden Seefahrer zogen sich betreten zurück, während die anderen wollüstig die wiedergewonnene Intimität ihrer zärtlichen Beziehungen feierten.

19. Kapitel

Seit sechs Monaten lebte Jade nun schon auf der *Finca Verde*, und ihr Leben in Paris war bereits zu einer vagen Erinnerung verblaßt. Von Zeit zu Zeit erhielt sie Briefe von ihrer Mutter, kurze, nichtssagende Botschaften.

‹Ich habe mir ein blaues Kleid mit Volants gekauft. Es ist ein wenig zu lang für die jetzige Mode und würde Dir wahrscheinlich viel besser stehen. Ich denke an Dich›, so oder ähnlich pflegte sie ihre Briefe abzuschließen. Für Jade lebte Mylène in irgendwelchen nichtssagenden, entfernten Welten. War es kalt dort oder warm? Jade wußte es nicht, sie hatte vergessen, daß es Jahreszeiten gab.

Insofern nahm sie die Nachricht vom bevorstehenden Besuch eines gewissen Xavier Jaquet, eines Filmproduzenten aus Paris und alten Freundes von Roland, mit Gleichmut auf. In ihrem kleinen tropischen und kosmopolitischen Universum verspürte sie kein Bedürfnis nach irgendwelchen Erinnerungen an die Existenz von Frankreich.

Den Nachmittag des Tages, an dem der Franzose erwartet wurde, hatte sie am Strand verbracht und bis zur Erschöpfung trainiert. Obwohl sie seit langem nicht mehr auf der

Bühne gestanden hatte, wußte sie doch, daß sie inzwischen Fortschritte gemacht hatte, denn zu der Technik, die viele Tänzerinnen ihres Alters beherrschten, gesellte sich nun eine sehr persönliche Form sinnlicher Reife. Die Lust, die sie aus der Liebespraxis geschöpft hatte, hatte ihr Bewegungsrepertoire erweitert und die sexuelle Erfüllung hatte ihren Ausdruck geprägt. Sie war endlich eine Frau geworden, eine Frau, die geben und nehmen konnte.

Sie band ihr zerzaustes Haar zusammen, wickelte einen Pareo um ihre Hüften und lief die Allee zum Haus hinauf. Der lässige Aufzug, ihr sonnengebräunter Körper und die nackten Füße gaben ihr das Aussehen einer schönen Wilden. Sie war um so schöner, je weniger sie sich um Schönheit bemühte.

Als sie oben angekommen war, stockte ihr fast der Atem beim Anblick des Mannes, der da neben Roland stand. Er sah aus wie ihr männliches Pendant, war groß und sehr schlank und hatte die vorspringenden Backenknochen und die geschlitzten Augen eines Asiaten.

«Ich möchte dir Xavier Jaquet vorstellen», sagte Roland.

Der Mann sah sie seltsam verwundert an, offensichtlich ebenso verwirrt wie sie, dann berührte er leicht ihre Hand und sagte:

«Roland hat mir erzählt, daß Sie einen vietnamesischen Vater haben. Bei mir ist es die Mutter... Wir scheinen irgendwie symmetrisch zu sein, von vollkommener Ähnlichkeit und doch verschieden, wie Yin und Yang.»

Jade brachte nicht einmal ein Lächeln zustande. Sie war völlig vertieft in die Betrachtung dieses Mannes, der die nämlichen langen und geschmeidigen Gliedmaßen hatte wie sie, die nämliche Haarfarbe, den nämlichen Gesichtsschnitt... Nur seine dunklen Augen unterschieden sich von ihren. Einen Augenblick lang glaubte sie an den Mythos des Platon, glaubte, ihre verlorengegangene Hälfte wiedergefunden zu haben und sich wieder zusammenfügen zu können zu einem vollständigen Wesen, einem vollkommenen Geschöpf, einem Hermaphroditen, dessen beide Hälften sich ergänzten wie die Teile eines Puzzles.

Sie sah Roland an. Liebte sie ihn noch? Sein von tiefen Falten gezeichnetes Gesicht wirkte müde, aber seine dunkle Iris leuchtete wie das Fell eines Marders im Schnee. Ja, das körperliche und geistige Verlangen, das sie für ihn empfand, war noch da, lebendig und anrührend, aber eine andere Sehnsucht hatte es auf den zweiten Rang verwiesen, ein dunkler, unwiderstehlicher Instinkt, sich mit Xavier zu verbinden, zu einer Einheit mit ihm zu verschmelzen.

Das Lächeln in Rolands Augen schien zu sagen: «Ich weiß alles.» Er hatte verstanden, wie immer. Fern und nah zugleich drang seine Stimme an Jades Ohr:

«Xavier beabsichtigt, alle Filme von dir zu kaufen, die hier entstanden sind. Ich habe ihn wissen lassen, daß ich das von deinem Einverständnis abhängig mache.»

«Ja, natürlich, wie du willst», antwortete sie.

Zum erstenmal hatte sie ihn geduzt. Er bemerkte es sofort. Sein samtschwarzer Blick tauchte tief in ihr Inneres und las in ihrem Herzen, was sie empfand.

«Vielleicht solltet ihr zwei einen Spaziergang am Strand machen, um die Einzelheiten des Vertrags zu besprechen...» schlug er vor.

Wie an fast jedem Abend verabschiedete sich die Sonne mit einem grandiosen Schauspiel, umhüllte sich mit Wolken in Rot und Orange, bevor sie als goldglühender Ball mit dem Ozean verschmolz. Gebadet im roten Widerschein der letzten Strahlen gingen Xavier und Jade der Sonne entgegen, und es schien, als rührte der feurige Schimmer, mit dem das Gestirn ihre Körper übergoß, von einer alles verzehrenden Glut in ihrem Innern.

«Ich habe Sie tanzen sehen», sagte Xavier plötzlich, «und ich finde, Sie sollten mit mir zurückfliegen nach Paris. Sie haben nicht das Recht, sich Ihrem Publikum zu versagen. Sie werden in einer Revue auftreten, eigens für Sie geschrieben, und Sie werden berühmt werden. Wenn Sie wollen, mache ich aus Ihnen einen Broadway-Star.»

«Ich mache mir nichts aus Ruhm. Ich will Sie.»

Die eigene Kühnheit überraschte sie. Wo war das zaghafte junge Mädchen geblieben, das sich unter weiten Pullovern versteckte und nicht wagte, seine Wünsche zu artikulieren? Was für eine Entwicklung seit ihrer Abreise aus Paris! ‹Das ist Roland zu verdanken… ich werde es ihm nie vergessen›, dachte sie.

Xavier war am Ufer stehengeblieben und schaute stumm auf den Saum der Wellen. Sie warf sich einfach in seine Arme, und das laue Wasser, das ihrer beider Knöchel umspülte, hatte sie bereits vereint.

«Bitte, ziehen Sie sich aus», sagte Jade leise und löste den Knoten ihres Pareos. «Ich will, daß wir uns hier und jetzt, an diesem Strand, zum erstenmal gehören.»

Er war ein wenig größer als sie, aber sein fester Bauch, sein muskulöses Gesäß und seine schmalen Schenkel waren den ihren sehr ähnlich. Zwei vollkommene Körper, in Erz gegossen wie auf einer alten Münze…

Ganz sacht fuhr sie mit den Fingerspitzen über seinen Rücken, seine Hüften und schließlich über seinen Bauch. Sein erigiertes Glied war lang und schön geformt. Sie kniete sich hin, um es zwischen ihren vor Verlangen prallen Brüsten zu liebkosen.

Xavier schwankte ganz leicht, dann überließ er sich ihren Zärtlichkeiten. Sie spannte ihre Brüste fest um den Schaft des steilen Glieds und rieb ihren Hals an der Eichel.

«Ich liebe Sie», flüsterte der Mann.

«Ich weiß», sagte Jade, «Ihre Liebe und meine Liebe sind

eins, unvermeidlich, unwiderstehlich. Sie können alles von mir haben, und ich kann alles von Ihnen fordern.»

«Alles.»

Sie legten sich auf den feuchten Sand, um sich zu lieben. Jade spürte weder die Muscheln in ihrem Rücken noch das Spritzen des Wassers. Sie verschmolz mit dem Zwilling ihrer Phantasien und verlor sich in einem sinnlichen Traum, in dem Xavier und sie die Helden darstellten. ‹Wir sind so unlösbar miteinander verbunden, daß uns die anderen nicht mehr unterscheiden werden›, dachte sie. ‹Er und ich, für immer und überall.›

Sie kamen zur gleichen Zeit, lösten sich auf in einem Orgasmus, so groß und gewaltig wie eine plötzliche Flutwelle an diesem friedlichen Strand.

«Morgen muß ich nach Paris zurück», sagte Xavier, als sie miteinander zur Villa zurückgingen.

«Ich brauche noch etwas Zeit», antwortete Jade. «Ein oder zwei Wochen, um meinen Freunden adieu zu sagen. Sie müssen wissen, ich liebe Roland.»

«Das werden Sie immer tun, denn unsere Lieben lösen einander nicht ab, sie summieren sich, und jede macht uns reicher. Roland ist mein Freund, und ich bin stolz darauf, daß er Sie vor mir geliebt hat.»

Nur mit einem halb über ihr Hinterteil reichenden T-Shirt bekleidet, saß Gina auf der Terrasse, ein Bein angezogen und über das Knie gelegt, und lackierte sich die Fußnägel, ohne sich darum zu kümmern, daß der fremde Mann ihr genau in ihre rosige Spalte sehen konnte.

Jade sah die Erregung in Xaviers Blick und fand es äußerst beunruhigend, ihn Gina vorstellen zu müssen. Die Freundin lächelte, ließ ihre Augen silbrig funkeln und neigte den Kopf zur Begrüßung.

«Sind Sie Jades Bruder?» erkundigte sie sich.

«Irgendwie schon», antwortete Xavier. «Und Sie, sind Sie Ihre Freundin?»

Gina nickte, reckte sich wollüstig und legte ihre Hand auf ihren Busen.

«Der Bruder meiner Freundin soll auch mein Freund sein», sagte sie.

Xavier setzte sich zu ihren Füßen und nahm die Flasche mit dem Nagellack.

«Ich werde das zu Ende bringen», sagte er und lackierte die noch verbliebenen Zehennägel.

Weit vorgebeugt, daß die Brüste im Ausschnitt ihres Hemdes sichtbar waren, bewunderte Gina die Malerarbeiten.

«Sie sind sehr gut in der Fußpflege», sagte sie zu Xavier. «Jetzt ist die Maniküre dran.»

Kokett legte sie ihre kleinen Hände auf Xaviers Oberschenkel. Lachend gehorchte er und seine schmalen Finger liebkosten Ginas Handballen.

«Könnten Sie mir auch ein Make-up machen?» fragte Gina neckisch. «Ich möchte, daß Sie meine Lippen granatrot schminken – alle Lippen!»

«Oh, gewiß, ich bin im übrigen auch Experte in der Massage von runden oder spitzen Körperteilen», antwortete Xavier sehr ernsthaft.

Jade war glücklich, zu sehen, daß Xavier und Gina sich bereits vor ihren Augen in ein erotisches Spiel vertieft hatten. Da sie beide liebte, mußten auch sie einander notwendigerweise lieben. Sie stellte sich hinter den Stuhl der Freundin, hob deren T-Shirt hoch und zeigte die Brüste mit den rosigen Warzen.

«Da, sehen Sie, Xavier! Ginas Brüste brauchen unbedingt eine Massage. Sie sind so schwer! Man muß sie ein wenig stützen. Ich werd es mal versuchen, und dann sind Sie an der Reihe. Gina wird uns sagen, wer von uns beiden ihr mehr geholfen hat.»

Sie ließ ihre Hände um die vollen Rundungen kreisen und kitzelte bei jeder Umdrehung die steifen Brustwarzen der Italienerin, die sich diesem Spiel ganz überließ, sinnlich und hingebungsvoll wie eine schnurrende Katze.

Unterdessen ergriff Xavier einen ihrer Füße, streichelte über die Fußsohle und den Spann und steckte dann den großen Zeh in den Mund, um wollüstig daran zu saugen. Gina zitterte und stöhnte vor Lust, hob ihren anderen Fuß und legte ihn auf die Ausbuchtung in Xaviers Shorts.

Beim Anblick der Erregung ihrer beiden Lieben wurde Jade ganz heiß, und sie beschloß, das Band zu sein zwischen dieser Lust. Sie setzte sich vor Ginas gespreizte Schenkel, legte ihre Lippen auf die schon ganz lange und harte Klitoris und ergriff Xaviers Glied. Auf diese Weise liebkoste sie beide, besaß beide und schenkte sie zugleich einander. Der Rausch der Macht, die sie über beide besaß, ließ ihr fast die Sinne schwinden.

Sie war es, die den Moment wählte, wo Xavier in Gina eindringen durfte. Sie war es, die ihren Orgasmus dirigierte.

20. Kapitel

Jade brauchte keine Worte, um Roland die plötzliche Leidenschaft verständlich zu machen, die sie von seiner Seite riß.

«Du wirst uns verlassen?» fragte er.

«Ja, bald, in einigen Tagen. Ich möchte, daß uns genügend Zeit bleibt, uns auf Wiedersehen zu sagen. Denn wir werden uns doch wiedersehen, nicht wahr? Meine jetzigen Gefühle werden niemals verdrängen können, was ich für dich empfunden habe.»

Roland machte keinen Versuch, sie zurückzuhalten. Seit Jade die Bekanntschaft von Xavier gemacht hatte, strahlte aus ihren Augen ein Feuer, das er nie vorher an ihr gesehen hatte. Sie hatten die glatte Kälte polierter Jade verloren, waren betrübt von der Gewalt eines ungestillten Verlangens, das ihnen etwas von dem undurchsichtigen Dunkel eines rohen Steins gab, den man in einem Flußbett fand. Obwohl sie noch nicht einmal zwanzig war, hatte ihre Leidenschaft für Xavier nichts von den Strohfeuern, die andere junge Mädchen heimsuchten. ‹Eine Zigeunerin hätte ihr dies wahrscheinlich aus der Hand gelesen›, dachte Roland, trotz seiner ansonsten geringen Neigung zum Übersinnlichen. Jade löste sich von ihm, unwiderruflich.

Er beschloß, ihr ein großes Abschiedsfest zu geben, die größte *despedida*, die die *Finca Verde* je gesehen hatte. Drei Mariachi-Kapellen würde er kommen lassen aus San José, eine für den Salon, eine für die Terrasse am Pool und eine für den Strand, und viele Ferkel mußten bestellt und am Spieß gebraten werden. Alle sollten eingeladen werden, die Freunde, die Nachbarn, die Landarbeiter und die feine Gesellschaft.

Am nächsten Tag erschienen Olga und Miguel, der inzwischen geschieden war.

«Gerade noch rechtzeitig», erklärte er, «meine Frau kommt nämlich demnächst aus einer kalifornischen Abmagerungskur zurück. Sie hat so viel Pfunde verloren, daß sie jetzt Kindergröße trägt... und ich eigne mich wahrhaftig nicht zur Pädophilie», fügte er hinzu und tätschelte wohlgefällig das Hinterteil seiner neuen Gefährtin, das fest und rund war wie zwei Wassermelonen und keineswegs nach irgendwelchen Hungerkuren aussah.

«Ich nasche einfach zu gern», säuselte Olga zwischen zwei Bissen kandierter Feigen, «und Miguel mag mich ja so üppig.»

Tatsächlich hatte Jade den Eindruck, daß die ohnehin schon voluminösen Brüste der Freundin noch an Umfang gewonnen hatten. Welche Nummer mochten wohl ihre Büstenhalter haben? Ob man für ihre Größe überhaupt noch irgendwelche Wäschestücke fand?

«Miguel läßt für mich alles nach Maß anfertigen», antwortete Olga. «Am liebsten hab ich Seide, Satin und Spitzen, und Miguel läßt die Miedermacherin ins Haus kommen. Bei den Anproben ist er immer dabei. Das ist sehr aufregend.»

Sie reckte ihre schmale Taille in dem enganliegenden weißen Kleid mit einer Korsage aus zwei Spitzkugeln, in denen Olgas Brüste wie Zuckerhüte aussahen.

«Man möchte hineinbeißen...» sagte Jade.

Es machte sie froh, zu sehen, wie Olga vor Glück und Sinnlichkeit strahlte, und sie stellte sich die Freundin in Ginas Armen vor.

Allmählich trafen die anderen Gäste ein, in fröhlichen Gruppen, die einen mit dem Boot, die anderen per Flugzeug, aber die meisten zu Fuß oder mit dem Auto. Es war ein Nebeneinander von Modellroben mit Gucci-Taschen aus Florida und Polyester-Fähnchen mit Plastiktäschchen aus der Dorf-Boutique. Alle hatten sich auf ihre Weise schön gemacht, um einen festlichen Abend zu verbringen.

Vor Reede hatten mehrere Yachten aus Playa Domingo, dem St. Tropez von Costa Rica, Anker geworfen und die Prominenz von San José mitgebracht. Eine sehr hübsche Costaricanerin namens Elena erschien am Arm eines in jeder Beziehung opulenten Mannes, den sie «Pappi» nannte, und gab sich als Miguel Moras Ex-Frau zu erkennen. Sie trage ihm nichts nach, sagte sie zu Jade und wies stolz auf das Trennungsgeschenk, zwei große Diamanten, die sie beide an einem Ohr trug. Pappi, der Bankier war, hatte es sich nicht nehmen lassen, das andere Ohr aus Anlaß der Verlobung mit Smaragden zu schmücken.

Miguel umarmte Elena fast schon liebevoll und stellte sie Olga vor, die ihr ein bezauberndes Lächeln schenkte. Elena lächelte höflich zurück, kniff die großen, leblosen Augen in heuchlerischer Freude zusammen und warf einen verächtlichen Blick auf Olgas weißes Kleid. Sie selbst bevorzugte offensichtlich eine Art Chanel-Stil und hatte ihre knabenhafte Figur in ein sittsam-elegantes Kostüm gesteckt.

Jade trug an diesem Abend ein Kleid von Issey Miyake, dessen wehende und geheimnisvolle Stoffbahnen sie zwar von Kopf bis Fuß verhüllten, sich aber bei jeder Bewegung zu raffinierten Schlitzen öffneten, die tiefe Ausblicke auf ihren Rücken, die Wölbung ihrer Schenkel und die Rundungen ihrer Brüste erlaubte. Auf diese Weise war ihr Körper bedeckt und nackt zugleich, denn jede Stelle war zugänglich für eine kühne Hand.

Das Kleid entsprach ganz den Regeln für diesen Abend. Es war zwar alles erlaubt, aber um die Puritaner unter den Gästen nicht zu schockieren, sollte es inmitten der Menge stattfinden, aber ohne daß sie etwas bemerkten.

Der Gedanke, sich versteckt und doch öffentlich zu lieben, stammte von Jade, die nie die Umstände ihres ersten Orgasmus vergessen hatte. Ein pickliger Jüngling hatte sich im Gedränge der vollbesetzten Métro an sie gedrückt und seine ungeschickten Finger an ihrem jungfräulichen Schoß gerieben. Ihre Mutter hatte neben ihr gestanden und nichts davon bemerkt. Das beharrliche Reiben hatte Jade einen intensiven Orgasmus beschert, dessen Erinnerung allein sie heute noch vor Wonne zittern ließ. ‹Was gibt es Aufregenderes›, hatte sie zu Roland gesagt, nachdem sie ihm die Geschichte erzählt hatte, ‹als die Furcht, entdeckt zu werden?›

Dieses Kleid aus leichtem, dünnem Musselin, der um ihren Körper flatterte, hatte sie also mit Bedacht gewählt. Bei jedem Schritt wehten die grauen Schleier um ihren Leib, wie am Winterhimmel brodelnde Nebelschwaden, die der Wind aufscheucht. Unter ihrem luftigen Gewand brannte ihre Haut wie unter den Strahlen einer fernen Sonne, glühte vor Verlangen nach einer Berührung.

Sie bemerkte einen Bauern, dem sie schon ein paarmal im Nachbardorf begegnet war. Er hinkte ein wenig in seinen offensichtlich neuen Schuhen, aber durch seine enge Hose zeichneten sich muskulöse Hinterbacken und ein fester, flacher Bauch ab. Sein weißes, am Kragen offenes Hemd betonte die schmale Taille, die breiten Schultern und den olivfarbenen Teint. In einer Pariser Disco hätten sich die Mädchen zweifellos um einen Mann wie ihn geschlagen.

Jade forderte ihn zum Tanzen auf. Er nahm die Einladung lächelnd an und zeigte dabei Zähne von so strahlendem Weiß, daß Jade ganz schwach wurde. ‹Ich muß ihn haben›, dachte sie, obwohl sie bemerkt hatte, daß er in Begleitung einer Freundin gekommen war, die sich jetzt schmollend abwandte.

Als er den Arm um sie legen wollte, schob Jade geschickt eine der Stoffbahnen zur Seite, so daß die schwielige Hand des jungen Mannes auf ihrer nackten Hüfte landete. Er wich unwillkürlich zurück, als fürchte er, sie respektlos behandelt zu haben, aber Jade gab der frechen Hand mit einem Druck ihrer Finger zu verstehen, daß sie willkommen war.

«Wissen Sie, daß ich Sie kenne?» fragte sie in ihrem holprigen Spanisch. «Sie heißen doch Emiliano, nicht wahr?»

Der junge Mann nickte nur. Er schien vollständig verwirrt und verpatzte den Seitenschritt, zu dem er eben angesetzt hatte. Mit festem Griff half ihm Jade wieder in den Rhythmus und nahm die Gelegenheit wahr, ihr Becken an seinen Unterleib zu pressen. Er wehrte sich nicht, setzte jedoch die Miene einer ängstlichen Jungfrau auf.

«Sie wollen abreisen? Das ist sehr schade», sagte er verlegen.

Jade fand ihn immer unwiderstehlicher und überlegte, welche Strategie sie wohl anwenden mußte, um ihn dazu zu bringen, sie mitten in der Menge heimlich zu nehmen. Vor allen Dingen mußte sie darauf achten, ihn nicht zu verschrecken, da er schon beim kleinsten Kontakt mit ihr zitterte.

«Man soll nicht an die Zukunft, sondern nur an die Gegenwart denken», sagte sie leise. «Was gestern war oder morgen sein wird, hat keine Bedeutung. Der heutige Abend zählt, und heute ist alles möglich.»

Emiliano schaute sie mit fragendem Blick an. Seine Iris hatte die Farbe von Honig, seine Wimpern waren lang und dicht und um seine Lider lagen lustige und betörende Fältchen.

Jade bemerkte allmählich, daß Emiliano nur den Unschuldigen spielte und sich seiner Wirkung auf sie voll bewußt war. Für einen Augenblick verlor sie ihre schöne Selbstsicherheit. Dieser hübsche Wilde wollte sie offenbar verführen, und sie mußte sich eingestehen, daß ihn das noch anziehender machte.

Sie hatte plötzlich Lust, ihn zu zähmen, und suchte nach Beistand in der Menge. Nicht weit entfernt entdeckte sie Gina, mit wirrem Haar, barfuß und ohne Make-up. Ihre Freundin mimte heute abend die Eingeborene in einem raffiniert zerrissenen Kleid, das ihr auf der Haut klebte. Diese falsche Wilde war zweifellos die einzige, die Emilianos scheinheiligem Getue gewachsen war.

Jade lenkte ihren Tanzpartner zu Gina und machte die beiden miteinander bekannt.

«Das ist meine beste Freundin», sagte sie, «wir teilen alles miteinander.»

Ginas ruhige graue Augen blickten zu Emiliano auf, als ob sie sagen wollten: ‹Ich bin rein und unschuldig, bei mir sind Sie in Sicherheit.›

«Tanzt doch miteinander, damit ihr euch ein bißchen besser kennenlernt», meinte Jade.

Emiliano verbeugte sich sehr förmlich, und Gina ließ sich gefügig auf die Tanzfläche führen.

Als er sah, daß Jade frei war, stürzte sich ein großer, dunkelhaariger Mann mit dem Aussehen eines Ganoven auf sie. Seine auffallende Kleidung, der dicke Diamant an seinem Finger und das lang über den Nacken fallende Haar gaben ihm das Aussehen eines zu Vermögen gekommenen kleinen Spitzbuben. Tatsächlich gab er bereits unaufgefordert Erklärungen ab über seine Familie, die sich angeblich bis auf die ersten spanischen Eroberer zurückverfolgen ließ, über seine weitläufigen Besitzungen bei Heredia, seine Kaffeeplantagen und sein Abschlußdiplom an der Harvard University.

Jade interessierte sich weder für seine Ahnen noch für seine hervorragenden Hochschulabschlüsse, sondern vielmehr für die rüde, gemeine Sinnlichkeit, die dieser Mann ausstrahlte. José Luis, wie er sich nannte, war zweifellos ziemlich durchtrieben, denn er hatte unverzüglich Jades trickreichen Aufzug durchschaut und den hilfreichen Schlitz gefunden, der ihm den Zugang zu ihrem Hinterteil ermöglichte, das er nun ausgiebig mit seinen Fingernägeln traktierte, während er sich mit seiner Partnerin lasziv in einem Tango wiegte.

Mit ein paar kunstvollen Drehungen gelangte Jade zu Emiliano und Gina, deren Augen halbgeschlossen waren. Jade kannte dieses Zeichen. Wenn Gina sehr erregt war, sah sie mitunter so aus, als ob sie eingeschlafen wäre.

Auch Emilianos Gesicht hatte seine Arglosigkeit verloren. Seine Augen blickten verloren, träumten einen sinnlichen Traum, er atmete heftig und wischte sich von Zeit zu Zeit die Schweißperlen aus dem Gesicht. Mit einer für die anderen Paare unsichtbaren Liebkosung hatte ihn Gina so in Rage gebracht, daß er nicht mehr imstande war, Scham oder Gleichgültigkeit vorzutäuschen.

Jade verweilte ein wenig bei ihnen, um herauszufinden, was den armen Emiliano in diesen Zustand versetzt hatte. Sie entdeckte Ginas Hand in der Hosentasche des jungen Mannes und ihre fast nackte Brust im Ausschnitt seines weißen Hemdes. Offensichtlich hatte Gina das Heft in die Hand genommen und Emiliano war ihr ausgeliefert.

Unterdessen rief José Luis seine unaufmerksame Partnerin zur Ordnung, indem er sie brutal in die linke Brustwarze kniff und seine Erektion heftig an ihrem Schoß rieb. Im Falle dieses Mannes ging es offensichtlich nicht darum, seine sexuellen Instinkte zu wecken, sondern sie im Zaum zu halten. Wenn Jade es zugelassen hätte, hätte er sie wahrscheinlich auf den Boden geworfen und einfach vor aller Augen bestiegen wie ein brunftiger Stier.

«Langsam, langsam», sagte sie, als er ihre Vulva mit der ganzen Hand packte und wie einen Brotteig knetete. «Wenn Sie mir noch einmal weh tun, suche ich mir einen anderen Tänzer.»

José Luis machte ein mürrisches Gesicht und lockerte seine Umklammerung. Jades Worte hatten wie eine kalte Dusche gewirkt, die Hose spannte sich nicht mehr, das Glied des Großgrundbesitzers war zusammengeschrumpft. Die Maschine mußte also wieder in Gang gebracht werden.

«Aber, aber, seien Sie doch nicht so nachtragend», säuselte Jade ihm ins Ohr und rieb ihr Becken an dem schlaff gewordenen Schwanz.

José Luis schwankte ein wenig zwischen verletztem Stolz und dem Verlangen, die schöne Eurasierin zu besitzen. Erst als Jade ihre Brüste an seiner offenen Hemdbrust rieb und ihm mit ihren langen Fingernägeln über den Nacken fuhr, fühlte sie, wie es sich zwischen seinen Beinen wieder zu regen begann.

Sie drängte sich fest an ihn, öffnete diskret seinen Hosenschlitz und zog sein Glied heraus. Während sie José masturbierte, war das Gedränge so dicht, daß sie die anderen Paare fast berührten. Trotz seiner Erregung kam José nicht aus dem

Takt, er machte nur langsamere Schritte und vollführte eine Art schmachtenden Stehtanz, während Jade seine Vorhaut im Rhythmus der Musik auf seinem Penis hin und her schob.

Sie war inzwischen so erregt, daß ihre Klitoris wie wild klopfte und sie kaum noch die Berührung des dünnen Kleiderstoffs auf ihrer Vulva ertrug. Sie mußte Emiliano haben, auf der Stelle.

Der junge Mann tanzte inzwischen mit seiner Freundin, einem rundlichen Mädchen, das nicht besonders begeistert gewesen war, als Jade ihr den Partner entführt hatte. Jade vergewisserte sich also diesmal des Beistands von Roland, der das junge Mädchen unverzüglich zum Tanzen aufforderte.

Kaum hatte ihr schöner *campesino* sie in die Arme genommen, als sie sich auch schon, brennend vor Verlangen, an seinen Körper preßte. Der Kontakt mit seinen harten Schenkeln, seinem schmalen Becken und seiner breiten Brust brachten sie so außer sich, daß sie ihr ganzes Spanisch vergessen hatte. Ihre völlig unkontrollierbare Begierde für diesen jungen Mann und ihre plötzliche Unfähigkeit, sich in seiner Sprache zu artikulieren, gaben ihr das Gefühl, linkisch und unbeholfen und für einen Augenblick wieder zu dem kleinen Mädchen geworden zu sein, dem Roland in Paris begegnet war.

Schließlich siegte das auf dieser Insel gefundene neue Naturell. Entschlossen packte sie Emilianos knotige Hand und ließ sie zwischen den Stoffalten verschwinden. Die Finger wanderten ein paarmal verwundert über ihren rasierten Schamhügel und vergruben sich dann in ihrer Spalte.

Für ein paar Sekunden beherrschte sie sich noch, dann legte sie ihren Kopf auf die starke Schulter des jungen Mannes und ließ sich endlich gehen in dem heißersehnten Orgasmus, der sie an den Rand der Erschöpfung brachte.

Mit wankenden Beinen bahnte sie sich langsam einen Weg zum Buffet, um sich ein wenig zu stärken. Vor den Desserts standen ihre Freunde: Berit, zärtlich umschlungen mit «Pappi», Roland, im besten Einvernehmen mit Elena, und Gina, die Olga Kokosgebäck zwischen die vollen Lippen schob.

Die Wonne, mit der Olga die Süßigkeiten verschlang und die Finger ableckte, die ihr diese Köstlichkeiten gereicht hatten, war allein schon appetitanregend. Miguel schaute wie gebannt zu und beobachtete, wie seine Gefährtin bei jedem Bissen die Augen wollüstig verdrehte und wie ihr Busen vor Lust bebte. Aber auch Gina ließ ihn nicht gleichgültig, mit ihrem engen Kleid, das an ihrer Haut klebte und den dichten Pelz ihres Schamhaars ebenso betonte wie den runden Busen mit den steifen Warzen. Jade stellte sich die drei zusammen vor und ahnte jetzt schon, wie sie dieses Fest beenden würden.

Sie war glücklich über die diskrete Orgie, mit der ihre Abreise gefeiert wurde. Die Freuden, die ihre Gefährten heute mit Fremden genossen hatten, waren ihr Abschiedsgeschenk an sie, waren rituelle Akte, die sie als günstiges Vorzeichen für ihr neues Leben verstand. Auch wenn sie ihre Freunde niemals wiedersah, würde sie sie immer in Erinnerung behalten, fröhlich und sinnlich, aufgeschlossen für die eigenen und die Begierden anderer, als freie und der Zukunft zugewandte Wesen. Und wenn sie jemals Zweifel haben würde, wollte sie sich diese Wesen zum Vorbild nehmen.

Nach dem Fest blieben Roland und Jade allein auf der Terrasse zurück. Es war noch dunkel, die Sonne hatte sich noch hinter dem Horizont versteckt, aber es war bereits wärmer geworden und die Luft war lau.

«Ich habe alles von dir gelernt», sagte Jade leise. «Nun bin ich eine Frau, und ich liebe meine Weiblichkeit. Deshalb muß ich auch etwas anderes entdecken, muß noch einen Schritt weitergehen... Verstehst du das?»

An seine Brust geschmiegt, hörte sie das Schlagen seines Herzens unter seiner geschmeidigen Haut.

«Ich weiß. Die Zeit ist reif, daß du mich verläßt, aber versprich mir, daß du diese Monate, die wir miteinander verbracht haben, niemals vergessen wirst. Man darf sie nie verleugnen, die Erinnerungen an Glück und Harmonie. Ihre Vollkommenheit muß den Prüfungen und Stürmen des Lebens standhalten wie die Vollkommenheit der Kunstwerke, die ich liebe. Und zum Gedenken daran sollst du dir ein Stück aus meinem Museum auswählen.»

Noch einmal gingen sie gemeinsam in den geheimen Raum, in dem Roland seine Schätze aufbewahrte. Jade entschied sich für einen Jaguar aus Nephrit, dessen Schwanz wie ein Vogelkopf geformt war. Aus unbestimmten Gründen assoziierte sie diese Wildkatze mit Roland. Es war eine Figur von mittlerer Größe, in einem blassen, undurchsichtigen Grün.

«Ich werde ihn oft betrachten», sagte sie, «und ihn mit den Händen streicheln.»

«In meinen Gedanken», antwortete Roland, «werde ich mir deine Hände dabei vorstellen. Und den Blick, mit dem du den Stein ansehen wirst.»

Seine Stimme klang belegt. Er stand ganz nahe bei Jade, roch ihr Parfum, diesen seltsamen Duft nach Mandeln, den er selbst für sie gewählt hatte.

«Zieh dich aus», befahl er mit gepreßter Stimme.

Die graue Wolke ihres Kleids sank wie ein Regenvorhang auf den Boden und entblößte ihren verlockenden Körper. Groß, schmal und schimmernd leuchtete er durch das Dunkel des Raums, als habe sich eine Bronzestatue zu den Herrlichkeiten aus Edelstein gesellt.

Wie ein Blinder, der mit den Händen schauen möchte, ließ Roland seine Hände über diese vollkommenen Linien wandern, über die muskulösen Schultern seiner Geliebten, ihre gewölbten Arme, ihre runden, festen Brüste, ihre schmale, biegsame Taille, ihren flachen, harten Bauch, ihre knabenhaften Hinterbacken, ihren haarlosen Schoß...

Jade bebte vor Verlangen bei seiner Berührung und ließ sich hingegeben in seine Arme sinken. Er nahm die Figur des Jaguars, die er noch immer in den Händen hielt, und stieß sie in ihren Schoß. Sie zuckte zusammen und drängte sich noch fester gegen ihn.

«Das bin ich, es ist mein Glied, das du fühlst», sprach er leise an ihrem Ohr. «Ich schenke es dir. Immer wenn du Lust auf mich hast, wird es da sein, glatt und hart, und es wird sie lieben, deine heiße, offene Katze. Sag mir, daß du es mit ihm machen wirst, sag es...»

«Ja, ja», stammelte Jade. «Es ist dein Schwanz, ich werde ihn ganz tief in mich hineinstoßen. Ich werde ihn an meiner Klitoris reiben, und ich werde kommen durch ihn, durch dich...»

Voll von ihrer Nässe bewegte sich der Gegenstand aus Jade in ihr hin und her im Rhythmus der Hand des Geliebten. Sie wurde genommen von diesem Stück Edelstein, als habe der kleine Jaguar selbst Verlangen nach ihr, als wolle er sein Sperma ausspucken aus dem Kopf des Papageien, der bei jeder Bewegung gegen ihre Klitoris stieß. Jade sah wieder den runden Vogelschnabel und stellte sich vor, es sei Rolands Eichel. Sie wollte sich ganz geben, ihnen beiden. Ihr Orgasmus kam aus ihrem tiefsten Innern.

Die Jade-Figur verließ sie, und an ihrer Stelle drängte sich Rolands Glied zwischen ihre Schenkel. Er ergoß sich sehr rasch. Jade hatte das Gefühl, als sei der starre Körper des Jaguars zum Leben erwacht, als bebe und poche er in ihr und fülle sie mit dem Stoff, aus dem das Leben selbst gemacht war.

Der Stein, der sie beide in Paris zusammengefügt hatte, würde Roland und Jade nun für immer vereinen.

Noch einmal mit Gefühl . . .

M. Bolte/C. Corves/B. Maiwurm
Total verknallt
Ein Liebeslesebuch
rotfuchs 356

Jan Hans (Hg.)
Aber besoffen bin ich von dir
Liebesgedichte
rororo 4456
Seit du weg bist
Liebesgedichte danach
rororo 5002

Svende Merian/Norbert Ney (Hg.)
Nicht mit dir . . . und nicht ohne dich
rororo 5283

Svende Merian
Der Tod des Märchenprinzen
rororo 5149

Marilyn French
Das blutende Herz
rororo 5279

Gudula Lorez (Hg.)
Wo die Nacht den Tag umarmt
Erotische Phantasien und Gedichte
von Frauen
rororo 5113

Das Rowohlt Lesebuch der Liebe
rororo 5203

Das Rowohlt Lesebuch der neuen frau
rororo 5205

ro
ro
ro

C 2141/3